ヒギンズさんが撮った
京浜急行電鉄、京成電鉄、新京成電鉄
コダクロームで撮った1950～70年代の沿線風景

写真：J.Wally Higgins　　所蔵：NPO法人名古屋レール・アーカイブス

解説：安藤 功

JN087604

◎デハ1245　金沢八景　1967（昭和42）年1月10日

昭和30～40年代の京浜急行電鉄・京成電鉄

　高度成長期をむかえ、念願の都心乗入れを地下鉄相互乗入れで実現し、そのために多大な設備投資をしながら、観光開発や空港建設で新線を建設した両社。まだ大正期の木造電車が残っていた頃から、近代的な車両に変わっていく時代だった。

ヒギンズさんが軍属として日本に赴任し、横須賀で初めて撮った日本の電車が京浜急行電鉄だった。
◎デハ274　横須賀中央～横須賀公郷　1956（昭和31）年4月10日

1960年代の
京浜急行、京成電鉄の沿線案内図（所蔵・文：生田 誠）

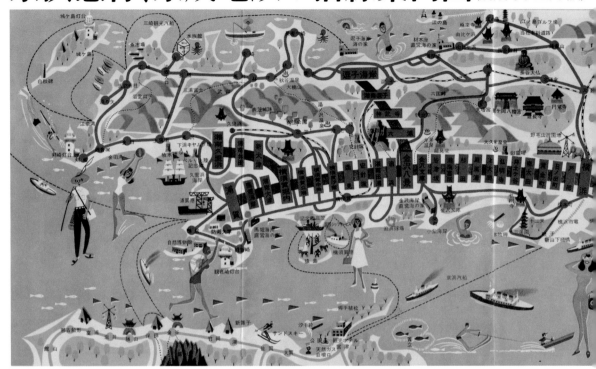

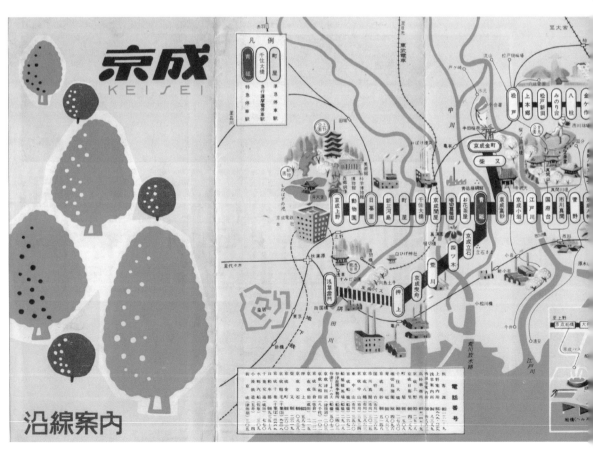

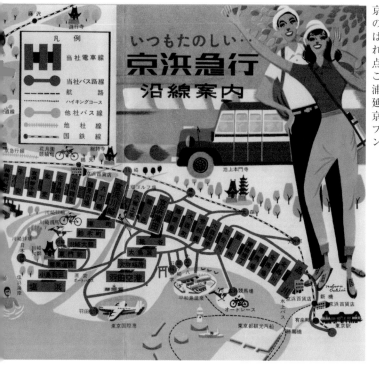

京成電鉄と同様に、京浜急行もレジャー路線の色が濃い沿線案内図となっている。こちらは、さまざまな行楽スタイルの人物が配置されているのが特徴になっている。東京側の起点は東海道本線、山手線と連絡する品川駅。この時期の神奈川側の終着駅は京急久里浜駅、浦賀駅、逗子海岸駅で、この後、三崎口駅まで延伸することとなる。神奈川側の下には、東京湾を渡った千葉側の海岸が見え、京急グループが経営していた京急富津観光ホテルやマリンレジャーの施設が描かれている。

東京側の起点は京成上野駅と押上駅で、押上駅と浅草雷門駅との間は京成バスが結んでいる。一方、千葉側には京成成田駅と京成千葉駅があり、その先のバス路線を経て、九十九里鉄道と小湊鉄道の路線が描かれている。この頃には谷津遊園が存在し、中山競馬場や法華経寺、成田山新勝寺や鷹ノ台ゴルフ場、出洲海岸の海水浴場など主要な名所がイラストで示されている楽しい沿線案内図である。また、新京成電鉄線は松戸駅まで延びており、京成金町駅に至る金町線も見える。

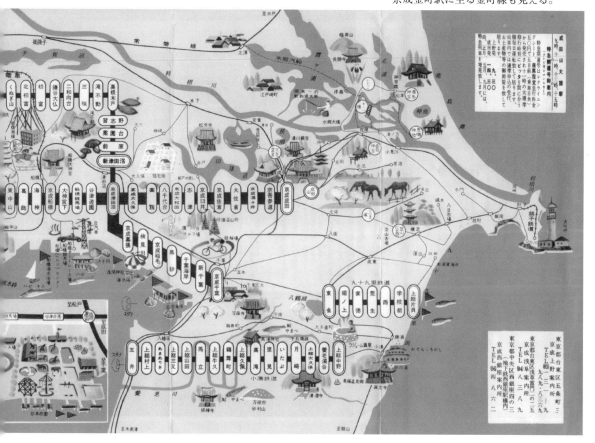

1960年代の沿線地図 (文：生田 誠)

建設省国土地理院発行「1/25000地形図」

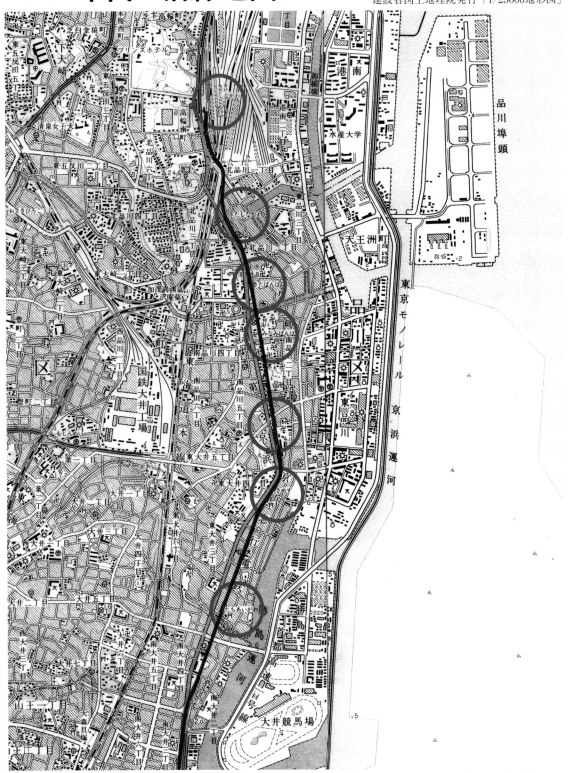

湾岸付近には、浜松町から羽田空港へ向かう東京モノレールが開通している。その西側を京急本線、東海道本線、東海道新幹線が横浜方面に延びている。このうち、京急の路線は江戸時代以来の東海道に沿って敷かれていることがわかる。この当時、北品川駅の隣駅は北馬場駅で、さらに南側に南馬場駅が存在したが、両駅は1976（昭和51）年に統合されて新馬場駅が誕生した。南側に見える大森海岸駅付近には公営競馬の大井競馬場がある。

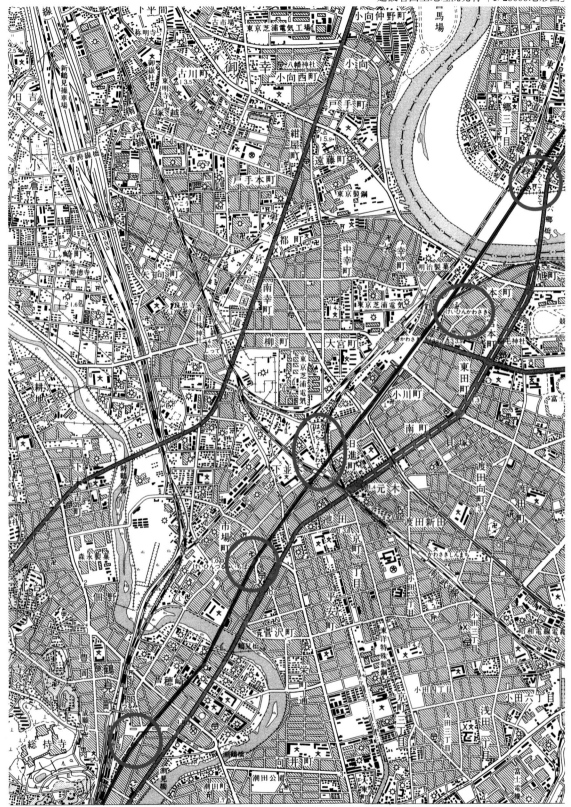

旧東海道が通っていた六郷橋付近で多摩川を渡った京急線と東海道本線は、川崎市内に入り、京浜川崎（現・京急川崎）駅と川崎駅に至ることとなる。一方、西側には第二京浜国道が誕生している。京浜川崎駅からは旭町方面に向かう大師線が見えるが、この路線は京急のルーツでもある。地図左下（南西）を流れるのは鶴見川で、この先には鶴見駅と京浜鶴見（現・京急鶴見）駅が置かれており、この駅は1905（明治38）年の開業当時には鶴見駅を名乗っていた。

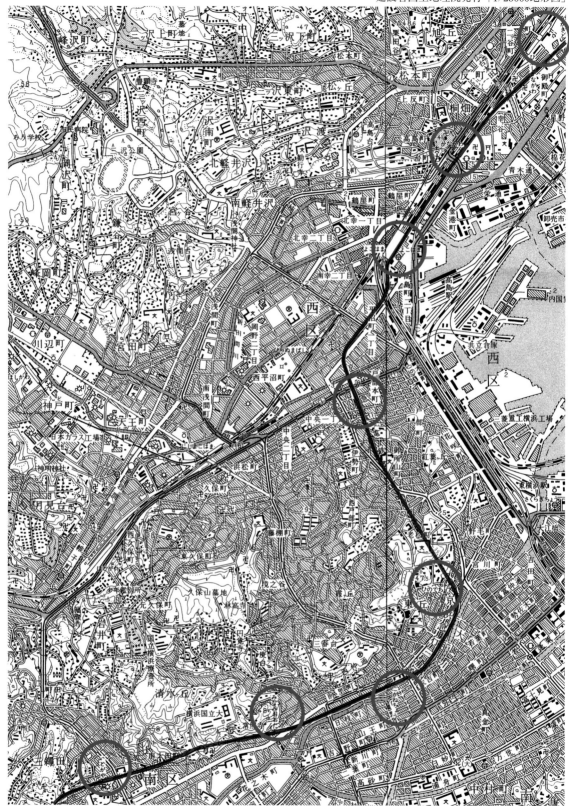

1966（昭和41）年の横浜市内の地図であり、この2年後（1968年）にご当地ソングのヒット曲「ブルー・ライト・ヨコハマ」が生まれる。横浜駅は既に巨大なターミナル駅であり、京急は戦前に湘南電気鉄道と合併して、三浦半島方面に三浦線（現・本線）を延ばしていた。横浜駅の隣駅は戸部駅であり、さらに日ノ出町、黄金町、南太田、井土ヶ谷駅へと続いていくが、このあたりの駅間は短く、黄金町〜日ノ出町間はわずか0.8キロだった。

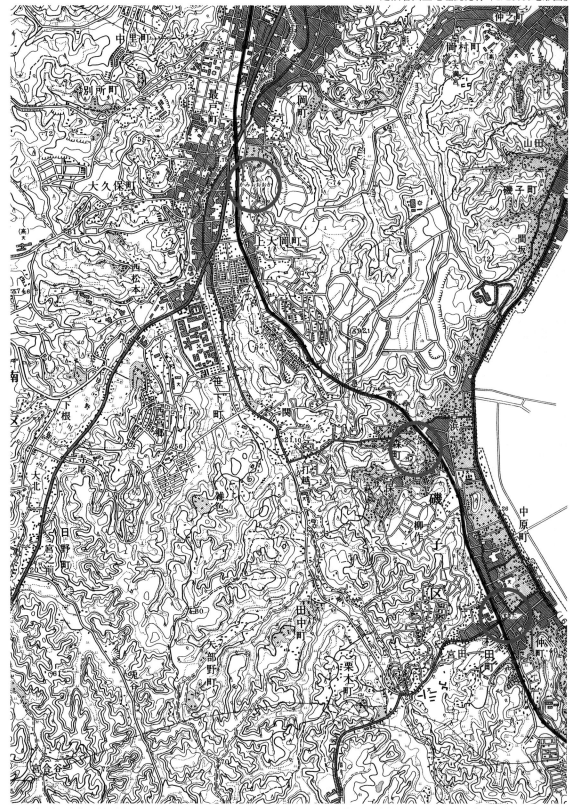

1927（昭和2）年に横浜市に編入されて中区上大岡町になった後、1930（昭和5）年に湘南電気鉄道（現・京急本線）が開通して上大岡駅が誕生した。その先には屏風浦駅と杉田駅が置かれている。上大岡駅は現在、港南区にあり、屏風浦駅と杉田駅は磯子区に所属している。上大岡駅付近で京急本線に沿って流れるのは大岡川である。その源流は磯子区の氷取沢市民の森にあり、上流では笹下川と呼ばれていた。やがては横浜港に注ぐことになる。

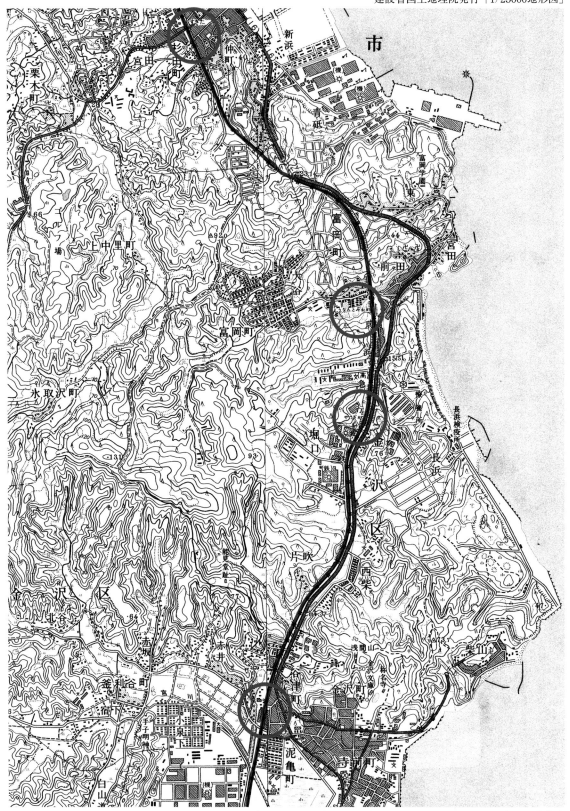

横浜市金沢区を走る京急本線の沿線地図。湘南富岡（現・京急富岡）駅は戦前に開業した後、戦時下の空襲で営業休止となり、1947（昭和22）年に再開業した歴史をもつ。谷津坂駅は1969（昭和44）年に現在地に移転し、1982（昭和57）年に能見台駅と改称した。地図の右下、長浜付近には療養所と長浜検疫所が見える。明治政府が設けた横浜の長浦消毒所は、1895（明治28）年に長浜に移転して長浜検疫所となっていた。

横須賀駅を過ぎた横須賀線が内陸部を南に向かうのに対して、京急本線は横須賀中央駅から先は海岸付近を行くことになる。次の横須賀公郷駅は1930（昭和5）年に開業し、この後、京浜安浦駅→京急安浦駅と改称を重ねて、2004（平成16）年から県立大学駅を名乗っている。地図の北側には、アメリカ軍基地とともに浦賀船渠横須賀工場、記念艦三笠などが見える。横須賀の地で開校した清泉女子大学は1962（昭和37）年、東京・五反田に移転した。

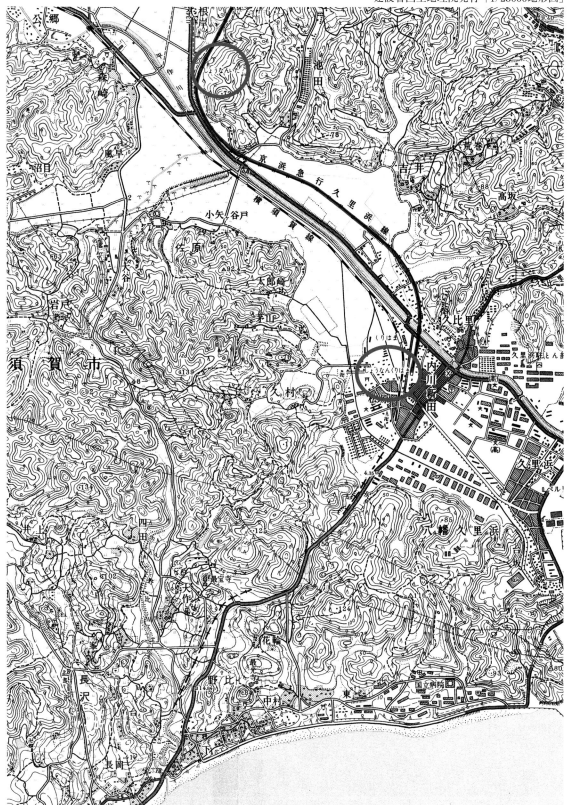

堀ノ内駅で京急本線と分かれた京急久里浜線は、湘南井田駅、湘南久里浜駅へと進んでゆく。湘南井田駅は1963（昭和38）年に北久里浜駅に改称している。この当時の湘南久里浜駅は終着駅だったが、翌年に中間駅の京浜久里浜駅に変わり、1987（昭和62）年に京急久里浜駅と改称した。一方、久里浜駅は1944（昭和19）年、横須賀線の終着駅として開業しており、こちらは現在に至るまで広い構内をもつ終着駅であり続けている。

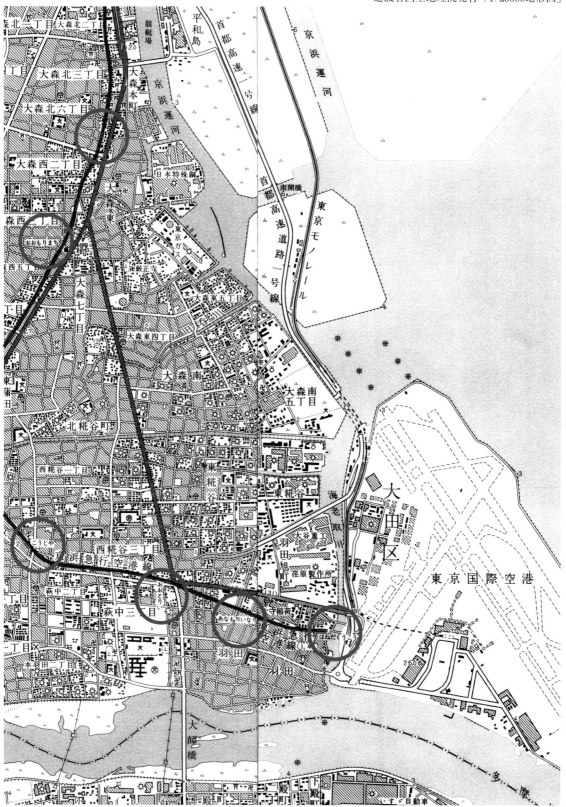

東京国際空港に向かう、京急空港線の沿線の地図である。途中に糀谷駅、大鳥居駅、穴守稲荷駅が存在し、この頃の終着駅は羽田空港駅だった。海老取川の手前に留まっていた京急線だが、1993（平成5）年に穴守稲荷〜羽田（現・天空橋）間の新線が開通し、その後も延伸を行ってゆく。また、海老取川を挟んだ空港の西側には、荏原製作所の本社、工場が広がっている。南側を流れる多摩川には、川崎側に至る大師橋が架けられている。

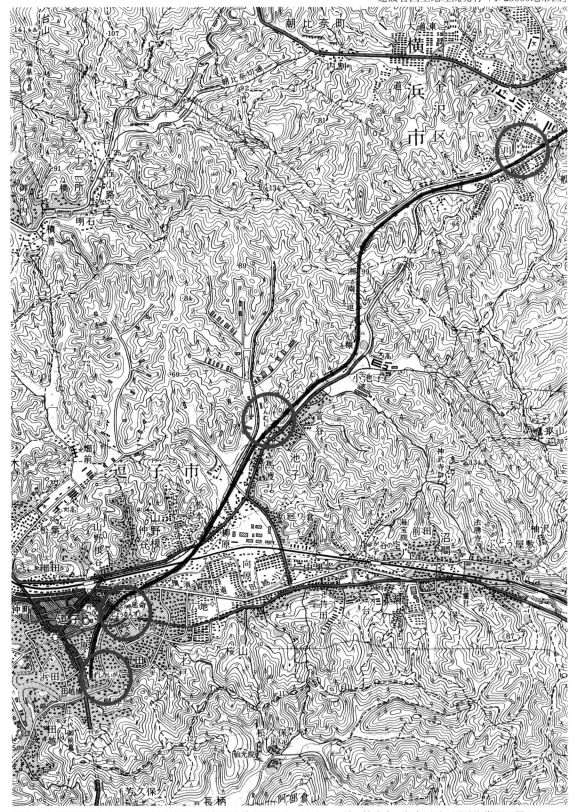

現在は京急逗子線となっている路線が、湘南逗子線と記されており、六浦、神武寺、湘南逗子、逗子海岸駅が置かれている。このうちの湘南逗子と逗子海岸駅は1985（昭和60）年に統合されて新逗子駅に変わり、2020（令和2）年に逗子・葉山駅と改称している。1913（大正2）年に田越村から変わった逗子町は、太平洋戦争中に一時、横須賀市に編入されていた。戦後の1950（昭和25）年に逗子町が復活し、1954（昭和29）年に逗子市となっている。

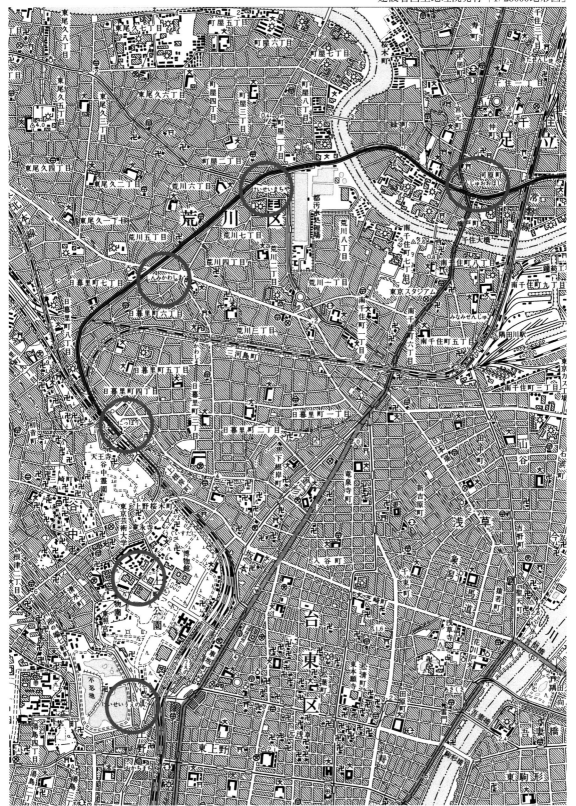

山手線の内側、上野公園の南側にある京成本線の始発駅、京成上野駅は開業以来、地下駅となっている。京成本線は北上して、日暮里駅で山手線と連絡するが、この頃は中間に博物館動物園駅が存在していた。山手線を越えた後は、新三河島駅、町屋駅、千住大橋駅へと進んでゆく。この地図で「けいせいまちや」と表示されている町屋駅は、1931（昭和6）年の開業以来、駅名は「町屋」だが、都電荒川線の停留場が存在するため、「京成」が付けられている。

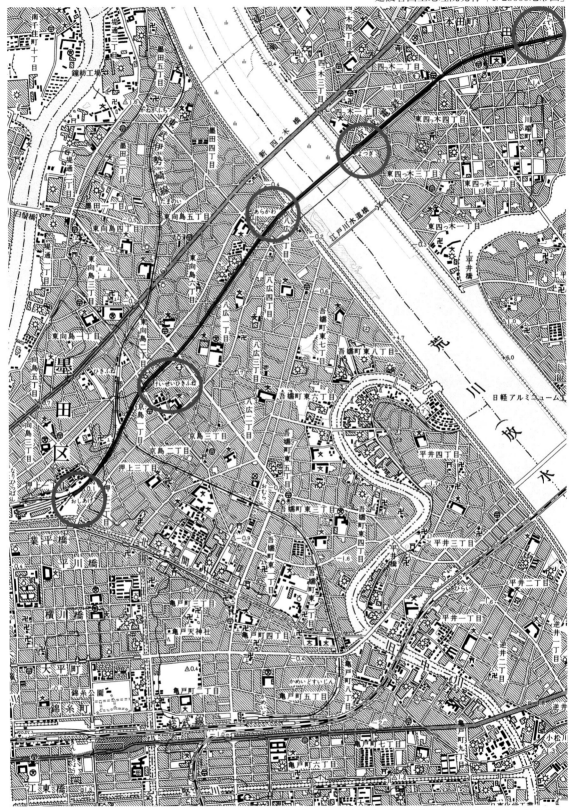

現在は東京スカイツリーが建つ、押上周辺の地図である。京成押上線の始発駅である押上駅からは京成曳舟、荒川（現・八広）駅へと路線が延びており、荒川を渡って四ツ木駅へと進んでゆく。隅田川の対岸にある浅草駅から来た東武伊勢崎線には、業平橋（現・とうきょうスカイツリー）駅が見える。東武の曳舟駅で伊勢崎線と分かれる亀戸線には、小村井、東あずま、亀戸水神という中間駅が存在し、終着駅の亀戸駅で総武本線と連絡している。

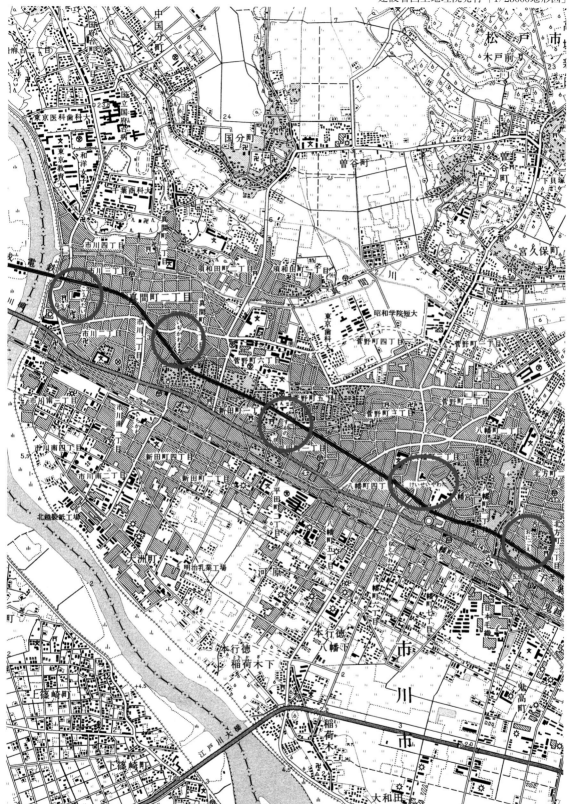

京成本線には、西側から国府台、市川真間、菅野、京成八幡、鬼越駅が置かれており、いずれも市川市内に存在している。一方、南側を走る総武本線には市川駅と本八幡駅の2駅だけがある。左上から下に向かって流れる江戸川には、市川橋、江戸川大橋という道路橋が架けられている。市川市は戦前から「東の鎌倉」と呼ばれる有名な住宅地と別荘地であり、菅野駅の北側には東京歯科大学や昭和学院短大・高校のキャンパスが存在している。

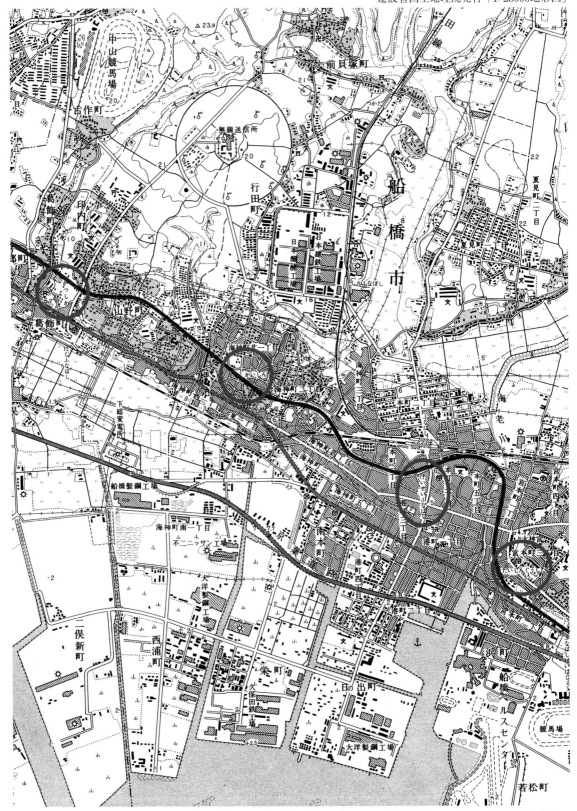

武蔵野線、営団地下鉄（現・東京メトロ）東西線が開通する前の地図であるが、西船橋駅は1958（昭和33）年に総武本線の駅として開業していた。この駅と連絡する京成本線の葛飾駅は、1987（昭和62）年に京成西船駅と改称することとなる。1937（昭和12）年に東葛飾郡の船橋町、葛飾、法典村などが合併して誕生した船橋市は、戦後も千葉郡二宮町を合併して拡大と発展を続け、1969（昭和44）年には人口に20万人を突破している。

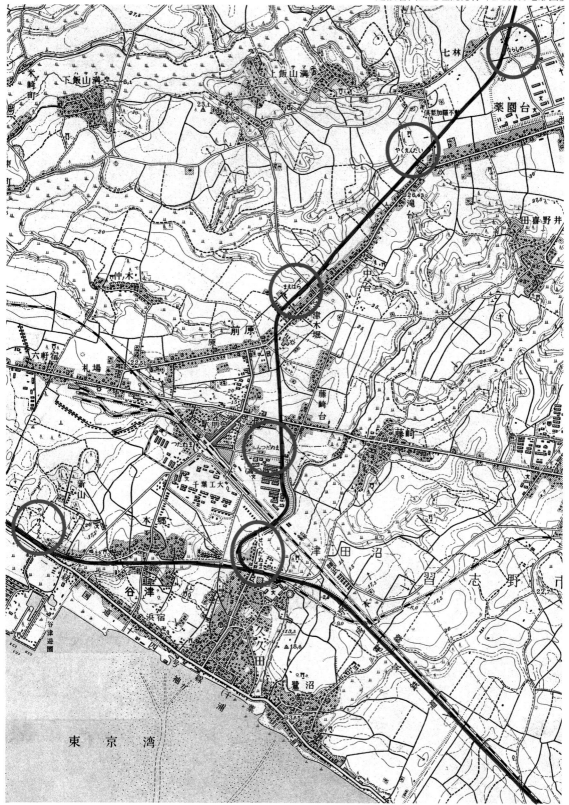

京成本線の京成津田沼駅と、総武本線の津田沼駅とにはかなり距離があることが見て取れる。また、新京成電鉄には新津田沼駅が置かれているが、国鉄の津田沼駅との連絡のために設けられたことで移転を繰り返した歴史をもつ。これらの駅がある習志野市は、1954（昭和29）年に津田沼町が市制を施行して成立しているが、「津田沼」の名称も旧谷津、久々田、鷺沼村の名前から、それぞれ1字ずつを取って付けられたものである。

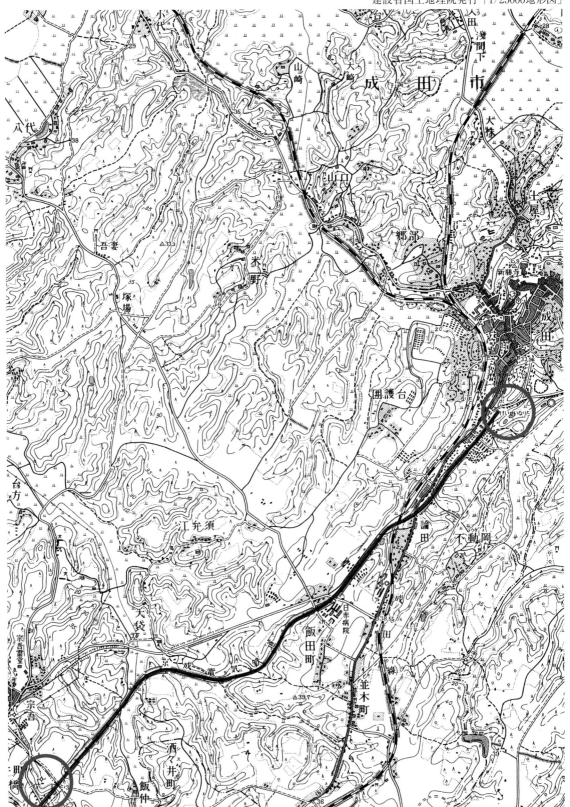

京成本線の終着駅が京成成田駅だった頃の成田市の地図で、南西側は酒々井町である。京成本線には現在、公津の杜駅が存在するが、この駅は1994（平成6）年の開業であり、地図には見えない。ここではわずかに宗吾参道駅がのぞいている。一方、成田空港側への延伸が実現するのは1978（昭和53）年で、京成成田〜成田空港（現・東成田）間が開通する。成田市は1954（昭和29）年、成田町と公津村などが合併して誕生している。

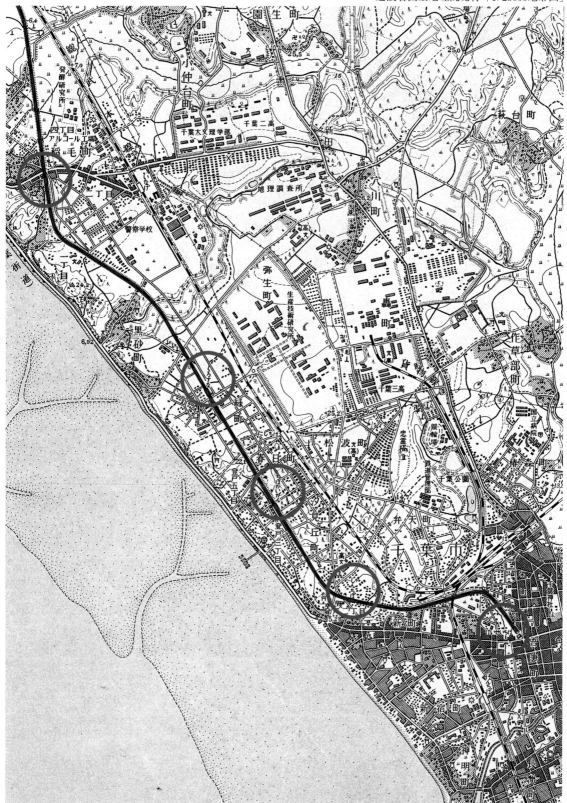

総武本線の列車などが発着する千葉駅とともに、京成千葉線の京成千葉駅、新千葉駅、千葉海岸駅などが見える。国鉄時代の千葉駅は現在の東千葉駅付近に存在しており、1963（昭和38）年に現在地に移転した。京成の駅はこの千葉駅の移転などで移転や名称の変化が起こっており、1967（昭和42）年には国鉄千葉駅前駅が誕生し、1987（昭和62）年に京成千葉駅と名称を変更する。このとき、京成千葉駅は千葉中央駅に駅名を改称している。

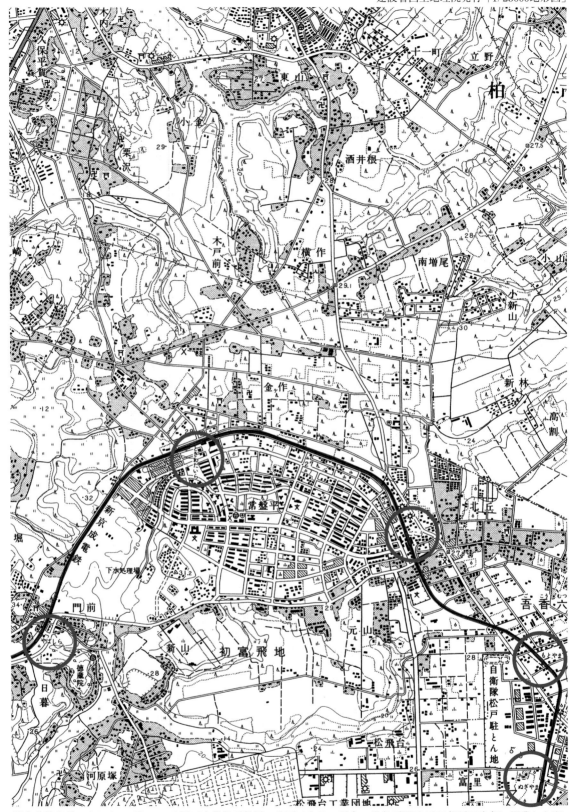

新京成線が緩やかにカーブしている松戸市常盤平付近の地図である。現在の常盤平駅は1955（昭和30）年に開業した際、北側に見える「金作」の地名にちなんで「金ヶ作」の駅名を名乗っていた。現在の駅名である「常盤平」に改名するのは1960（昭和35）年である。駅の南側に広がる常盤平団地は、1959（昭和34）年から入居募集が開始された日本住宅公団（現・UR）の大規模団地で、団地の名前が新しい駅名の由来となった。

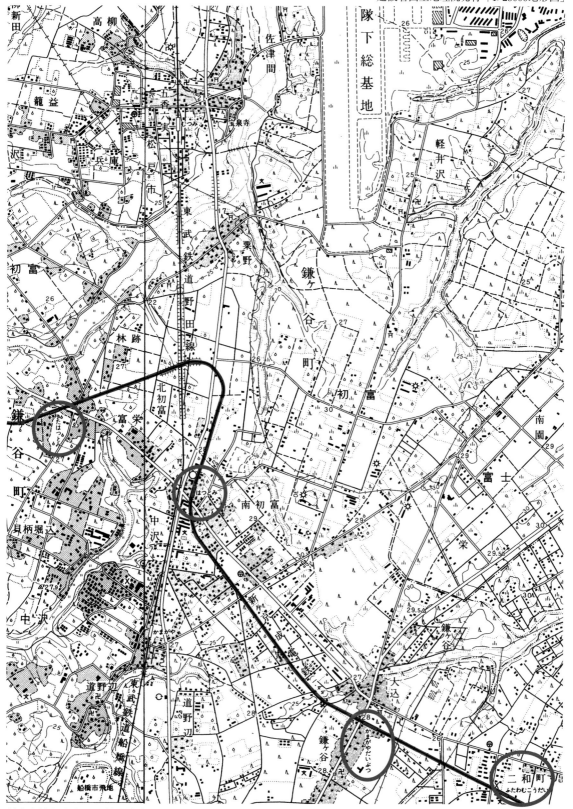

新京成線と東武野田（船橋）線が交差する現在の新鎌ヶ谷駅付近であるが、この当時は両線ともに新鎌ヶ谷駅は存在しなかった。まず駅が誕生するのはこの付近で、新京成線に沿って走る北総線が1991（平成３）年に開業し、翌年（1992年）には新京成線も新鎌ヶ谷駅を開業する。東武線の新鎌ヶ谷駅の開業は少し遅れた1999（平成11）年である。鎌ケ谷村は1958（昭和33）年に町制を施行し、1971（昭和46）年に鎌ケ谷市に変わった。

京浜急行電鉄の時刻表

（昭和14年3月）

品川・横濱・浦賀間 （聯）
（品川・日ノ出町間ハ京濱電氣鐵道線、日ノ出町・浦賀間ハ湘南電氣鐵道線）

十四年三月
十五日訂補

聯帯驛ノミヲ示ス
○印ハ急行停車驛

本線驛名：品川省、北品川、北馬場、南馬場、○青物横丁、鮫洲、濱川、○立會川、鈴ケ森、○大森海岸、大森八幡、○學校裏、大森山谷、梅屋敷、○京濱蒲田、○出村、雜色、六郷土手、八丁畷、鶴見市場、○京濱鶴見、總持寺、花月園前、生麥、キリンビール前、○新子安、○子安、神奈川新町、仲木戸、京濱神奈川、○横濱省、平沼、戸部、○日ノ出町、○黄金町、南太田、井土ケ谷、弘明寺、上大岡、○金澤文庫、金澤八景、追濱、湘南田浦、軍需部前、逸見、横須賀軍港、横須賀中央、横須賀公郷、湘南大津、浦賀

浦賀行

線名	粁程	運賃	驛名／行先	直通初發	直通終發
京濱電氣鐵道線	0.0	錢	品　川省發	5 00	
	4.8	13	大森海岸〃	5 12	
	8.0	21	京濱蒲田〃	5 19	
	11.8	31	京濱川崎〃	5 26	
	15.3	24	京濱鶴見〃	5 32	
	22.3	58	横　濱省〃	5 46	
	24.9	38	日ノ出町〃	5 51	
湘南電氣鐵道線	33.6	62	黄金町〃	5 53	
	39.6	66	金澤文庫〃	6 14	
	41.0	68	金澤八景〃	6 16	
	42.9	72	追　濱〃	6 19	
	50.0	85	横須賀中央〃	6 30	
	55.6	95	浦　賀著	6 40	

此間　浦賀行　10 44／10 56／11 03／11 10／11 16／11 30／11 35／11 37／11 58／0 00／0 03／0 14／0 24
品川發　浦賀行・黄金町行・上大岡行　交互各12分毎ニ運轉
但シ浦賀行電車ハ品川發 6 00 ヨリ 7 00 マデハ品川、黄金町間急行トナリ上記○印驛ニ停車ス、途中急行不停車驛ニ乘降ノ場合ハ黄金町行又ハ上大岡行ノ電車ニヨルコト

品川行

線名	粁程	運賃	驛名／行先	直通初發	直通終發
湘南電氣鐵道線	0.0	錢	浦　賀發	4 59	10 54
	5.6	11	横須賀中央〃		11 04
	12.7	24	追　濱〃	5 20	11 15
	14.6	27	金澤八景〃	5 23	11 20
	16.0	30	金　町〃	5 25	11 28
	29.9	56	黄　金〃	5 46	11 41
	30.7	57	日ノ出〃	5 48	11 43
京濱電氣鐵道線	33.3	62	横　濱〃	5 52	11 48
	40.3	72	京濱鶴見〃	6 03	0 03
	43.8	77	京濱川崎〃	6 08	0 08
	47.6	85	京濱蒲田〃	6 13	0 15
	50.8	91	大森海岸〃	6 18	0 22
	55.6	95	品　川省著	6 21	0 34

此間　品川行　11 04／11 15／11 20／11 28／11 41／11 43／11 48／0 03／0 08／0 15／0 22／0 34
浦賀發品川行・上大岡發品川行・黄金町發品川行　交互各12分毎ニ運轉
但シ品川行電車ハ浦賀發 4 59 ヨリ 6 11 マデハ黄金町・品川間急行トナリ上記○印驛ニ停車ス、不停車驛ニ乘降ノ場合ハ上大岡、黄金町間又ハ黄金町、品川間ノ電車ニヨルコト

支線

線名	驛名	粁程	運賃	運轉時間
京濱電鐵 穴守線 （品川・穴守間）	京濱蒲田、大鳥居、穴守	3.9粁 11.9粁	11 錢 24 錢	京濱蒲田—穴守（京濱蒲田發 5 00 ヨリ 11 40 マデ　7 分ヲ要シ（穴　守發 5 10 ヨリ 11 50 マデ　6 分乃至10分毎ニ運轉但シ朝ノ混雜時ハ 5 分毎ニ運轉
京濱電鐵 大師線 （品川・川崎大師間）	京濱川崎、川崎大師	2.5粁 14.3粁	10 錢 23 錢	京濱川崎—川崎大師（京濱川崎發 5 00 ヨリ 11 33 マデ　5 分ヲ要シ（川崎大師發 5 10 ヨリ 11 45 マデ 6 分乃至9分毎ニ運轉
湘南電線 逗子線 （品川・湘南逗子間）	金澤八景、湘南逗子	6.1粁 47.1粁	11 錢 77 錢	金澤八景—湘南逗子（金澤八景發 5 20 ヨリ 11 55 マデ　8 分ヲ要シ（湘南逗子發 5 32 ヨリ 0 05 マデ 12分毎ニ運轉

（昭和30年12月）

品川—浦賀—逗子海岸—久里浜 （聯）　（京浜急行電鉄）

30.12.1 訂補

初電	終電		粁	賃	駅名	初電	終電		運転間隔
…	5 00	22 32 24 00	0.0	円	発品　川國着	6 06	6 48	0 14 …	平日　普通　10分毎
…	5 12	22 44 0 12	4.8	10	〃大森海岸發	5 54	6 36	0 02	急行　10—20分毎
…	5 20	22 51 0 19	8.0	20	〃京浜蒲田〃	5 47	6 26	23 54	
4 55	5 26	22 58 0 25	11.8	30	〃京浜川崎國〃	5 41	6 19	23 48	休日　普通　10分毎
4 57	5 28	23 04	15.1	30	〃八丁畷〃	5 38	6 17	23 46	急行　10—20分毎
5 01	5 32	23 04	15.3	30	〃京浜鶴見國〃	5 34	6 13	23 42	
5 03	5 34	23 06	16.1	40	〃花月園前〃	5 32	6 11	23 40 …	
5 05	5 36	23 08	16.9	40	〃生　麥國〃	5 31	6 09	23 38	特　急
5 16	5 47	23 19	22.3	50	〃横　浜國〃	5 20	5 59	23 27 0 11	
5 23	5 53	23 25	25.7	60	〃黄金町〃	5 15	5 53	23 20 0 05	平日　浦　賀行 800, 900
5 29	6 00	23 32	30.5	70	〃弘明寺〃	5 06	5 45	23 13 23 58	久里浜行 830
5 45	6 15	23 48	42.7	90	〃金沢文庫〃	4 50	5 29	22 57 23 43	
5 47	6 18	23 50	44.3	100	〃金沢八景國〃	…	5 25	22 55 23 40	土曜　浦　賀行 1250
5 59	6 30	0 02	53.1	120	〃逸　見〃	…	5 14	22 43 23 29	
6 02	6 33	0 05	54.7	120	〃横須賀中央〃	…	5 11	22 40 23 25	休日特急　冬季運休
6 07	6 38	0 11	57.4	120	〃横須賀堀ノ内〃	…	5 05	22 35 23 21	
	6 46	0 16	61.3	130	着浦　賀發	…	5 00	22 30 23 15	

初電	終電	粁	賃	駅名	初電	終電	運転間隔		初電	終電	粁	賃	駅名	初電	終電	運転間隔
520	2322	0.0	円	発京浜蒲田着	536	2336	7—10分		526	2323	0.0	円	発堀ノ内着	555	2344	20分
526	2328	2.6	10	着稲荷橋発	530	2330			533	2335	5.1	10	着久里浜発	528	2337	
500	2307	0.0	円	発金沢八景着	525	2333	10分		500	2330	0.0	円	発京浜川崎着	524	2350	4—10分
506	2313	4.1	10	〃神武寺発	519	2325			509	2339	3.8	10	着産業道路発	515	2341	
510	2317	5.7	10	〃湘南逗子〃	515	2321			540	2200	0.0	円	発京浜川崎着	613	2232	12—20分
511	2318	6.1	20	着逗子海岸発	514	2322			555	2215	5.6	10	着塩浜発	558	2217	

第1章

京浜急行電鉄

ヒギンズさんの写真を用いて、京浜急行電鉄の沿線風景や電車を紹介

京浜急行電鉄の沿線から
京浜急行電鉄の車両アルバム

京浜急行電鉄 本線（1）

現在の京浜急行電鉄本線は、1901（明治34）年に川崎（後の六郷橋1944（昭和19）年休止）～大森停車場（1937（昭和12）年廃止）の開業に始まる。1904（明治37）年の品川延長前に東京市電に乗入れ出来るよう、軌間を1435㎜ゲージから1372㎜ゲージに改軌している。1902（明治35）年に六郷橋（旧・川崎）～川崎間、1905（明治38）年に川崎～神奈川間が開業し、京浜間が結ばれた。しかし東海道上の路面電車で道幅の関係で単線区間もあったので、複線化のほか新設軌道化が進められるが、蒲田駅付近の付け替えが1923（大正12）年、北品川付近は1956（昭和31）年に付け替えられ、ようやく併用軌道は無くなった。横浜駅への延長は関東大震災後、国鉄横浜駅（3代目）の移転にあわせて行われ、1930（昭和5）年に開業した。

品川～北品川

◎デハ409　品川～北品川　1958（昭和33）年12月7日

1904（明治37）年品川線開業時の品川駅は上の写真の左側付近にターミナルがあった。当時は東京市の外れで、東京市電は八ッ山橋の向こう側で連絡していた。1914（大正３）年に八ッ山橋（上の写真の左側の橋）が中央部に軌道も敷ける構造で架橋され、1917（大正６）年に市電側の単独で京浜電鉄品川駅乗入れが始まる。1924（大正13）年に現在の第一京浜道路の建設が持ち上がり、京浜電鉄の品川駅は現在の北品川駅の位置まで移転、道路上に東京市電の併用軌道が敷かれ連絡することになる。

1925（大正14）年に国鉄品川駅前に高輪ステーションビルを建設し、市電と相互乗り入れで高輪延長を果たした。しかし路面電車区間の乗入れは、東京横浜間の高速電車を目指すには不利な状況で、五反田経由の新線も計画されたが池上電鉄との競合を避け、品川駅に単独で乗入れることとして、八ッ山橋に単独の鉄橋（前ページ）を架け、国鉄用地を譲り受けて現在の位置に京浜デパートを中心とした駅ビルを建てて、1933（昭和８）年に開業。これにあわせ湘南電鉄へ乗入れて高速電車運転対応のため、市電の1372㎜ゲージから1435㎜ゲージへの改軌も行った。

この当時は鉄橋を渡ると急カーブで道路上の併用軌道へ出て北品川駅に向かっていたが、輸送が拡大すると隘路となり、1956（昭和31）年に八ッ山橋〜北品川間の400mが新設軌道に切り替わり現在の姿となった。品川乗り入れで国鉄から譲り受けた用地は、1872（明治５）年に初めて鉄道が通った時の品川駅構内の一部だった。

◎デハ233　品川〜北品川　1958（昭和33）年12月７日

京浜蒲田

1901（明治34）年に大森停車場（1937（昭和12）年廃止）〜川崎（後の六郷橋1944（昭和19）年休止）開業時に、東海道の路上の蒲田駅として開業。1902（明治35）年に穴守線が開業、こちらの終点はループ線となっていた。長い間路上に駅があったが、1923（大正12）年に梅屋敷〜雑色間が専用軌道に付け替えられ、現在地へ駅が移転し、1925（大正14）年に京浜蒲田駅に改称している。

駅構造は2面3線で本線複線分と穴守線用行き止まりホームで、穴守線は急カーブで接続していた。後に空港線（穴守線を改称）の3両編成化のホーム延長と、品川方向への出入りの便を図って写真右側の鉄橋が架けられ本線に接続された。その後京急蒲田駅連続立体交差事業で大きく変貌することになる。

電車はデハ400形の中で、旧・デハ600形の1953（昭和28）年製を1965（昭和40）年に改造・改番した470番台のグループで、150kwのモーターに換装した車と、電装解除した車でMTTM編成を組む。旧車番との対応は、旧603→471＋旧651→491＋旧601→492＋旧653→472。1973（昭和48）年からの車体更新で車体の全金属製化、窓の一段下降窓化とあわせ、正面スタイルも旧600形後期車にあわせ、また運行幕・行先幕を窓内に設置したため顔つきが変わった。

◎デハ471　京浜蒲田　1973（昭和48）年5月13日

京浜川崎

京浜川崎駅は1902（明治35）年に六郷橋（旧・川崎）から、東海道川崎宿の西側を通って官設鉄道川崎駅近くの現在地に川崎駅として開業し、折返しループ線と車庫が設けられた。大森方面は六郷橋から六郷川（多摩川）を六郷架橋組合から六郷道路橋を買収し線路を敷設予定だったが強度不足で使えず、単線の仮設木造橋を架橋して線路が伸びていた。神奈川（横浜）方面へは1905（明治38）年に延伸される。1906（明治39）年に川崎〜雑色間が複線専用軌道の新線（現在線）へ移転、複線の仮設木造橋が架けられたが、1911（明治44）年に六郷川（多摩川）の改修と合わせトラス6連、上路プレートガーター24連の全長515mの鉄橋に架け替えられた。

1925（大正14）年に京浜川崎に改称。1964（昭和39）年に京浜川崎駅高架工事のため検車区を新町検車区に統合し、戦後初となる連続立体高架工事が行われ、1966（昭和41）年に本線は高架駅となる。1971（昭和46）年にはワーレントラス8連による全長550mの新 六郷川橋梁に架け替えられた。電車は東京都交通局の5000形、5番線到着後品川方の引上げ線に入り、折り返し6番線に進入中。京浜川崎駅は上り方・下り方とも折返し電車があるので、多摩川橋梁上にも渡り線があり、上り本線折り返しで京浜川崎発の下り電車や、大師線への送り込みに使われる。

◎5033　京浜川崎　1975（昭和50）年5月12日

京浜川崎〜八丁畷

国鉄川崎駅前の京浜急行電鉄本線、1925（大正14）年に、この付近から分岐して国鉄川崎駅貨物ホームへ向かう川崎貨物線があったが、1938（昭和13）年に廃止されている。戦後の戦災復興で国鉄駅前には広い駅前広場が作られ、その先を電車が走るという形となった。

電車の後ろに川崎市電が見え、踏切を人が渡っているところが市役所通り、奥の建物は増床工事中の小美屋デパート。1966（昭和41）年に京浜急行電鉄本線が高架化されるが、駅前を横切るので景観に気を使っている。

1980年代に駅前広場は再開発され、地下街アゼリアがオープン。京浜急行電鉄本線の高架橋に接して、東口バスターミナルが設けられている。電車はデハ420形433＋434の編成、運輸省規格型車体を持つ1950（昭和25）年製。
◎デハ433　京浜川崎〜八丁畷　1956（昭和31）年6月15日

上の写真から八丁畷方へ。手前の線路は川崎市電のもので、現在のさくら通りとチネチッタ通りの交差点の西側付近、背後の工場は三菱電線川崎工場。1966（昭和41）年に京浜急行本線の六郷川橋梁～八丁畷間が高架化、1969（昭和44）年に川崎市電が廃止。
1980年代に工場敷地も再開発され、川崎ルフロン・キューブ川崎・サンスクエア川崎・太田総合病院が建てられている。電車はデハ1000形、1959（昭和34）年製の1013を先頭とする「特急」浦賀行き。
◎デハ1013　京浜川崎～八丁畷
1960（昭和35）年11月20日

横浜

京浜電鉄の横浜側のターミナルは、鉄道院神奈川駅に隣接した京浜神奈川駅で、横浜中心部へは省電で横浜駅（現・桜木町）か、横浜電気鉄道（後の横浜市電）に乗換えなければならなかった。そのため反町（後に廃止）から分岐して横浜市長者町への鉄道免許を1923（大正12）年に取得したが、横浜市震災復興や都市計画事業との調整や、高架・地下方式による高額な建設費のため早急な着工はできなかった。しかし鉄道省は横浜駅移転にあわせ隣接する神奈川駅の廃止を告示したた

め、省線の新しい横浜駅乗入れを目指し、1929（昭和4）年横浜（仮）駅（月見橋付近）まで開業、翌1930（昭和5）年に横浜駅東側へ乗入れた。電車はデハ1000形1037〜の編成、1960（昭和35）年製造のこのグループまでは正面非貫通2枚窓、4両固定編成で登場。しかし「特急」品川行は6両固定編成を組んでおり、パンタグラフの位置や側面種別表示を見ると、一時的に1962（昭和37）年製の6両編成の中間車を組み込んでいるようだ。◎デハ1037　横浜　1964（昭和39）年5月24日

京浜急行電鉄 空港線

空港線は1902（明治35）年に穴守線として蒲田～穴守間が開業。穴守稲荷神社周辺は、当時関東有数の行楽地として発展しており、参拝・行楽鉄道として敷設された。鉄道開業後は京浜電気鉄道も開発に加わり、1913（大正2）年には海老取川を渡り穴守稲荷神社近くまで線路を延伸。付近は一大行楽地になった。

穴守稲荷

穴守稲荷駅は1902（明治35）年に次ページの羽田空港駅の位置に穴守駅として開業。折り返しのループ線を持つ駅だった。1913（大正2）年年末に800m延長されて穴守稲荷近くに穴守駅は移転、翌1914（大正3）年に元の穴守駅のあった位置に羽田駅が開業、翌1915（大正4）年に稲荷橋駅に改称される。
1940（昭和15）年に西へ約200m移転、終戦後海老取川以東が接収され、終着駅となる。1952（昭和27）年の上り線接収解除で蒲田～稲荷橋間が複線化された時にさらに西へ340mの現在地へ移転、1956（昭和31）年の羽田空港駅まで運転再開の際に穴守稲荷駅に改称している。接収は当然穴守稲荷神社にも及び、羽田神社に仮遷座したのち現在地へ御遷宮され、社殿等が造営された。駅前の鳥居は本殿が再建した1964（昭和39）年に工事を請け負った大成建設が奉納したもの。
旧・穴守駅前にあった大鳥居は、1929（昭和4）年に京浜電鉄の重役によって奉納されたもの。接収時に倒そうとしたが頑丈すぎて壊せず、祟りがあるとして約50年間、空港駐車場内に残されてきた。1999（平成11）年の新B滑走路供用前に弁天橋近くに移設されている。
◎デハ256　穴守稲荷　1973（昭和48）年5月13日

その中1931（昭和6）年に東京飛行場が神社付近に移転している。飛行場がこの地域を大きく変えたのは、終戦直後海老取川以東を連合国軍が接収しHANEDA ARMY AIRBASEを建設するため。稲荷橋以遠が運転できなくなり、穴守線も上り線が接収され、国鉄蒲田駅からの軍用列車が運転された。1952（昭和27）年に上り線の接収が解除され、1956（昭和31）年に元の稲荷橋の位置に羽田空港駅が出来て海老取川の西側まで運行を再開。1963（昭和38）年に空港線に改称される。しかし名実ともに空港アクセスを担うのは1993（平成5）年の羽田（現・天空橋）延長からで、海老取川を地下で潜り、1998（平成10）年には羽田空港の新しいターミナルビル地下の羽田空港駅（現・羽田空港第1・第2ターミナル駅）まで延伸した。

羽田空港

1956（昭和31）年に海老取川西側までの区間が復活し羽田空港駅が設けられた。駅前には穴守駅まで走っていた頃の鉄橋が残されていた。対岸は空港敷地だったがターミナルビルまでは遠く、後にマイクロバスによる連絡運転が始まったものの、空港アクセス路線とはほど遠いものだった。電車は京浜電気鉄道51号形を出自とするクハ140形クハ157、230形と組んで余生を送っていた最後の頃。◎クハ157　羽田空港　1964（昭和39）年10月13日

京浜急行電鉄 大師線

京浜急行電鉄最古の路線で、1899（明治32）年に大師電気鉄道が川崎（後の六郷橋、戦時中に休止）〜大師（現・川崎大師）に川崎大師平間寺への参拝輸送を目的に運転したのに始まる。営業電車では日本で初めて1435mmゲージを採用、同年東京・横浜方面への延伸を目指し京浜電気鉄道に改称している。初詣を電車に乗って出かけるという新しいスタイルを作った大師線だが、大師駅から先は海岸電気軌道と

いう子会社で総持寺までを1925（大正14）年に開業したが、まだ塩浜地区は未開発なうえ昭和恐慌で利用客は伸び悩み、貨物鉄道だった鶴見臨海鉄道（現・鶴見線）が旅客営業を始めたので同社に譲渡、しかし1937（昭和12）年に産業道路建設に伴い廃止された。

1942（昭和17）年に東京急行電鉄に合併されるが、その元で急速に工業地化した海岸部に、海岸電気軌道の敷地を一部使い1945（昭和20）年までに桜本へ

塩浜

◎塩浜　1960（昭和35）年11月20日

順次開通した。延長工事にあわせ一部3線化を行い国鉄貨車を沿線工場に直通運転する工事が行われたが、これは1946（昭和21）年から利用が開始された。1951（昭和26）年に京浜急行電鉄全線の1500V昇圧のため、塩浜〜桜本間を川崎市電の乗入れに変え、翌年この区間を川崎市に譲渡、大師線は川崎〜塩浜間となる。1964（昭和39）年、国鉄東海道本線の塩浜操車場建設に伴い、小島新田駅を川崎方へ300m移転、その先の塩浜までの区間は廃止された。大師線鈴木町駅までの国鉄貨車輸送は塩浜操車場継走に変わり、1997（平成9）年まで続けられた。

塩浜駅は1944（昭和19）年東京急行電鉄湘南線（大師線）の駅として開業。下り線は1435mmゲージと国鉄線の1067mmゲージの3線として国鉄貨車が沿線工場へ乗り入れができた。しかし日中の電車運転中は電車と行き違いが出来ないので、終電後深夜に浜川崎駅からC12形蒸気機関車の貨物が多いときは重連で輸送に当たっていた。
1951（昭和26）年に大師線が1500Vに昇圧されると京浜急行電鉄の電車は塩浜駅での折返しになり、桜本駅までは川崎市電に譲渡されている。下り線側のホームは路面電車用の低床ホームに造り替えられ、上り線のホームは1両分延長されている。上の写真の電車はデハ230形267、京浜電気鉄道デ71形デ82が出自、230形に150形を組み込んだ3両編成が、当時の普通電車の標準編成。
前ページの写真は塩浜駅を出発する川崎市電700形、出自は東京市電木造ボギー車の1500形、1954（昭和29）年に日本鉄道自動車で車体を新造し鋼体化、間接制御器に交換されている。後に下り線を浜川崎から塩浜操車場への出入のために国鉄へ譲渡すると、浜町三丁目〜池上新田間は単線になり、通票交換がやりやすいように前後ドアに改造されている。702号は1969（昭和44）年の廃車後も桜川児童公園で保存されている。◎デハ267　塩浜　1960（昭和35）年11月20日

京浜急行電鉄 本線（2）

　横浜以南の京浜急行電鉄 本線は湘南電気鉄道が建設した区間が主になる。同社は1917（大正6）年三浦半島一帯の鉄道建設を目指し軽便鉄道法による免許を申請、さらに京神電気鉄道を出願し東京進出も目指したが、これは武蔵電気鉄道（現・東急東横線）

との競願に敗れている。1923（大正12）年に地方鉄道法に基づく免許が下付された直後に関東大震災が発生、安田財閥に新規の資本参加を求めたため、同じ安田財閥資本の京浜電気鉄道との結びつきが生まれた。

横浜〜戸部

　横浜〜日ノ出町〜黄金町の市街地連絡線は、日ノ出町までの区間を京浜電気鉄道が既得の免許で、湘南電気鉄道は新しく免許を取得して建設、横浜から戸部までは高架橋、その先は御所山・上原・野毛山の3つの隧道で日ノ出町へ、この先黄金町までは先の省線用地を使ったため、日ノ出町駅はカーブした駅となった。このように高架・掘割・隧道の建設のうえ上原隧道は横浜市電と交差、野毛山隧道は学校建築物を避けるよう要請があったためS字カーブを挿入する必要があった難工事のすえ、この区間は1931（昭和6）年に開業する。
　軌間は湘南側にあわせ1435mmゲージで敷設されたので、京浜側はこの区間用にデ71形を増備、1933（昭和8）年の京浜線改軌までは横浜駅で乗換えとなった。写真は戸部駅から横浜方向を望む。トラス橋は線路がカーブしているところで道路と斜めに交差のため幅も径間も長くなっている。デハ700形（のちのデハ600形）が品川に向かう。
◎デハ705　横浜〜戸部　1959（昭和34）年4月24日

湘南電気鉄道の当初の起点は蒔田町を予定、ここへは省電が桜木町から蒔田を通り程ヶ谷へ延長計画があった。しかし震災で計画は破棄、この計画用地を使い桜木町経由で横浜へのルートを申請したが許可されず、南太田から先の一部区間を建設用地を使い、1930（昭和5）年に黄金町〜浦賀、金沢八景〜湘南逗子が開業した。黄金町駅〜横浜駅間は京浜電気鉄道が乗合自動車免許を取得し、米国レオDA型に蒲田車輌で車体を架装した12人乗りバスで運転を開始、京浜・湘南間の連絡運輸を開始した。

弘明寺〜上大岡

黄金町〜上大岡間も大岡川に沿って市街地が発達している区間だったため、南太田手前までは省線計画用地を利用した高架橋、その先は山沿いをトンネルを抜けるルートを選ばざる得なかった。ようやく弘明寺を出て中里町で開けた場所に出る。現在は山裾で左にカーブする所から上大岡駅の南側までの区間が1988（昭和63）年に高架化され、また周りは市街地化されて写真当時の面影はない。電車は1942（昭和17）年に東急デハ5300形として登場したデハ300形。
◎デハ300形　弘明寺〜上大岡　1958（昭和33）年8月2日

湘南富岡

湘南電気鉄道開業当時は駅が無かったが、1930（昭和5）年夏に海水浴場利用客のために夏季のみ湘南富岡駅が開業した。翌1931（昭和6）年に通常営業を行う駅となるが、1945（昭和20）年の横浜南部空襲で被災し休止のち廃止される。

1947（昭和22）年に海軍横浜航空隊基地跡に駐留したGHQ専用駅として、杉田方900mの位置に再度湘南富岡駅が開業。翌年一般客も利用できる駅になった。1955（昭和30）年に駅西側一帯が京急富岡ニュータウンとして開発されることになり、駅を旧来の位置に戻した。ニュータウン開発は売りっぱなしが多かったが、地域活動を取り入れた西欧型ニュータウンの都市計画がなされている。

電車は1955（昭和30）年製のデハ600形デハ608、電車の奥の山腹には川合玉堂が風光明媚なこの場所を好んで立てた別邸（二松庵）があり、海水浴場があった海岸は金沢地先埋立事業により消滅している。

◎デハ608　湘南富岡
1956（昭和31）年12月

金沢八景

金沢八景駅は湘南電気鉄道計画時は六浦荘と呼ばれ、逗子方面の分岐駅として開業した。線路は瀬戸神社へつながる山を切り崩して、金沢文庫駅との間は宮川沿い泥亀地区を埋め立てて線路が敷かれた。鉄道ができたことで本線の西側は海軍航空技術廠支廠が、東側は日本製鋼所横浜製作所が建てられた。戦後海軍航空技術廠跡地は東急車輛製造（現・総合車両製作所）と、横浜医科大学予科（現・横浜市立大金沢八景キャンパス）になり、駅間には京急金沢検車区ができた。1978（昭和53）年には、金沢文庫〜金沢八景間が3線化され、後年に複々線化された。

電車はデハ1000形デハ1143〜48の6両編成、1964（昭和39）年製で正面の表示器が埋め込みになった最初のグループ。
◎デハ1143　金沢八景　1967（昭和42）年1月10日

金沢八景駅には湘南電気鉄道時代から4番線奥に瀬戸変電所が設けらていた。現在は使用されていないが建物は現存する。4番線には国鉄逗子駅から神武寺駅を経て、ここから3線区間となり海軍航空技術廠（現・総合車両製作所）へ続く専用線がある。総合車両製作所で製作された1067mmゲージの電車は、この線を使って目的地まで回送される。電車はデハ400形デハ441〜444、旧デハ600形クハ650形のうち、1953（昭和28）年と1955（昭和30）年製の車22両中の14両を、デハ500形の主力増強工事で発生した110kwモーターで全電動車にして4両固定編成化したものを1965（昭和40）年に改番し、4両編成3本と、2両編成1本が登場した。その後更新工事が行われるが、1978（昭和53）年に3両編成2本、6両編成1本、2両編成1本に組換えられ、1982（昭和57）年までに廃車となる。
◎デハ441　金沢八景　1967（昭和42）年1月10日

横須賀汐留

1930（昭和5）年に湘南電気鉄道開業時に横須賀軍港駅として開業。1940（昭和15）年に諜報活動防止のため横須賀汐留駅に改称、1949（昭和24）年に町界町名地番整理が行われ付近が汐入町になったので、駅名もそれにあわせ1961（昭和36）年に汐入駅へ改称された。杉田より南側の横浜・横須賀地区はほぼ全域が要塞地帯であり、陸海軍両大臣・東京湾要塞司令官・横須賀鎮守府司令長官などによる多くの許可や制約が付きまとい、また丘陵地帯を縦走するのでトンネルが非常に多い難工事であったが、この許認可申請や建設資金の調達に安田財閥の後楯が大きかった。トンネルとトンネルの間の谷あいに設けられた横須賀汐留駅。電車はデハ420形デハ427の「急行」浦賀行き。
◎デハ427　横須賀汐留　1956（昭和31）年4月

横須賀中央

横須賀中央駅は名前の通り横須賀市の中心部、市内にほとんどないまとまった平らな土地で、隣接して1865（慶応元）年創設の横須賀製鉄所（造船所）（現・米海軍横須賀基地）があり、平地はおろか三崎街道沿いの谷あい・山裾までびっしり家が立ち並び、軍都になっていた。そんな中心部に近い山腹を削って駅は設けられている。上屋に全体が覆われていない当時は見晴らしが良かった。右端に見えるガードが三浦街道でかつては"湘南カード"などと呼ばれたようだ。電車は1942（昭和17）年に東急デハ5300形として登場したデハ300形デハ311。
◎デハ311　横須賀中央　1957（昭和32）年6月9日

横須賀中央〜
横須賀公郷

トンネルのある山には明治時代、旧陸軍の米ヶ濱砲台があった。関東大震災で被災後は演習砲台となり終戦を迎えたが、それ以降も砲台山と呼ばれていたそうだ。S字カーブを曲がり下り横須賀公郷（現・県立大学）へ向かう。現在も架線柱と勾配標は変わっていないが、勾配は23.21‰から20.1‰に変わっている。電車はデハ230形デハ243、京浜急行電鉄は専用の荷物電車を持たなかったので、単行で荷物電車の運用に就いており、窓越しに積まれている荷物が見える。
◎デハ243　横須賀中央〜横須賀公郷
1956（昭和31）年4月10日

公郷は元々東京湾沿いから横須賀線衣笠駅にかけての広い範囲の地名で、湘南電気鉄道開業時に横須賀公郷（よこすかくごう）駅にしたものと思われる。1963（昭和38）年に京浜安浦駅に改称されるが、安浦町は駅の北側を横須賀の有力者が横須賀の街を広げるべく明治時代に埋立許可を得て工事を始めるが、技術的や資金的に事業に行き詰まり、安田財閥系の保善社に工事を託した。やはり工事は難航したが1923（大正12）年に竣工、埋立地は安田の「安」と港を意味する「浦」を取って安浦町と名付けられる。

竣工直後に関東大震災が起こり、復興の過程で横須賀市内にあった銘酒屋が、まだ更地だった埋立地へ集められ銘酒屋街を作った。そのため1958（昭和33）年の売春防止法施行までは近寄り難い地区だったと言う。また湘南電気鉄道開業前に同社と京浜電気鉄道の安田系資本は抜けており、駅名を近接の安浦にしなかったと思われる。1950（昭和25）年の町界町名地番整理で公郷町は山向こうの国鉄横須賀線沿いだけになり、京浜安浦駅に改称している。

現在は安浦町の先を埋立てた平成町に出来た神奈川県立保健福祉大学の最寄り駅として、2003（平成15）年に県立大学駅と改称された。電車はデハ500形デハ508、クロスシートの急行品川行き、場所は上の写真とほぼ同じ場所から上り電車を撮っている。電車の下のガードが浦賀街道で、埋立前はガード先で海に当たり左に曲がり、県立大学駅前の道につながる。

◎デハ508　横須賀中央〜横須賀公郷
1956（昭和31）年4月10日

堀ノ内

堀ノ内駅は湘南電気鉄道開業時は横須賀堀内仮駅で、翌1931（昭和6）年に正式な駅となる。1942（昭和17）年の久里浜線開業時に浦賀方へ180m移設とあるが、分岐器を入れる関係で駅中心が移動したためで、駅前は動いていない。

当初久里浜線は資材不足により単線で開業したため、2面2線の相対式ホームから現在の4番線を増設して2面3線に、線内折り返し運転を行った。1954（昭和29）年に湘南井田（現・北久里浜）まで複線化されると、現在の1番線を増設し、方向別2面4線の現在の形になった。

本線上りと久里浜線下りの交差部分はシングルスリップスイッチが設置されているので、2〜4番線のどの線からも久里浜方へ出発できる構造だが、上り方への到着は浦賀方からは3番、久里浜方からは4番しか出来ない構造になっている。1961（昭和36）年に堀ノ内に改称となった。電車はデハ1000形デハ1125〜1130の編成で、1962（昭和37）年製で正面窓に表示器がある最後のグループ。

◎デハ1130　堀ノ内　1965（昭和40）年1月17日

堀ノ内～京浜大津

撮影場所は堀ノ内駅の西側、上の写真で電車の向こうに立木が見える本線と久里浜線が分岐する場所で稲荷大明神の境内から。右に見える信号機は堀ノ内駅の場内信号機。堀内は古くからの地名だが、1950（昭和25）年の町界町名地番整理で三春町となり、堀内の名前は駅名の「堀ノ内」と京浜急行バスの「堀内」バス停だけになった。

電車はデハ300形デハ318、撮影の1965（昭和40）年から片運転台化、貫通路が設置されデハ400形に改番される。今日は荷物電車で浦賀に向かう。遠くに見える白い建物は大津シーハイツ、馬堀シーハイツまでの馬堀海岸埋立地は西武不動産が販売。三浦半島でも東急に近い京急と西武の宅地開発競争が見られた。

◎デハ318 堀ノ内～京浜大津 1965（昭和40）年1月17日

京浜急行電鉄 逗子線

逗子線は湘南電気鉄道開業した1930（昭和5）年に、金沢八景〜湘南逗子間を開業。翌1931（昭和6）年に400m延長され湘南逗子駅葉山口乗降場を開設、在来の駅は湘南逗子駅沼間口乗降場となる。1942（昭和17）年に葉山口乗降場は閉鎖され、沼間口乗降場が湘南逗子駅になる。戦後1948（昭和23）年に葉

神武寺〜京浜逗子

逗子線は複線で建設されたが、戦時中に上り線を撤去し資材を神中線（現・相模鉄道）の複線化に転用した。空いた上り線には海軍航空技術廠支廠へ向かう専用線が1067㎜ゲージで敷かれた。この専用線は戦後、国鉄逗子駅〜神武寺駅までは米軍池子専用線となり、1948（昭和23）年に金沢八景〜神武寺間が再複線化されると、この区間は東急車輌製造に向かう3線軌条区間となった。また湘南逗子〜神武寺間は1952（昭和27）年に複線に戻っている。電車はデハ1000形デハ1049〜1052の編成で、1961（昭和36）年製のこの編成から貫通扉が付いた。撮影の1967（昭和42）年に正面方向幕を取り付ける改造を行っている。並走する米軍池子専用線は国鉄逗子駅に接続するため、左側の山をトンネルで越えているため、線路は見えない。◎デハ1049　神武寺〜京浜逗子　1967（昭和42）年1月10日

山口が逗子海岸駅として復活、1963（昭和38）年に湘南逗子は京浜逗子駅に改称。1985（昭和60）年に京浜逗子駅と逗子海岸駅を統合して新逗子駅となる。2020（令和2）年逗子・葉山駅と改称。駅名の変遷を見ればわかる通り、葉山への延長を意識していたが、終始バス路線に頼っている。

国鉄横須賀線を乗り越す築堤からの撮影。向こう側は逗子駅で増解結を行うため電留線が広がっている。まだ70系と113系が併用されていた時代。70系は1968（昭和43）年までに新規電化路線に転出して、横須賀線からは姿を消した。電車はデハ1000形デハ1078、1961（昭和36）年製の2両編成のグループ。登場は上の写真の様に方向幕は無かったが、1966（昭和41）年に正面方向幕を取り付ける改造を行っている。駅名が見にくくならないように、金沢八景が八景だけに省略されている。◎デハ1078　神武寺～京浜逗子　1967（昭和42）年1月10日

京浜急行電鉄 久里浜線

久里浜線は湘南電気鉄道時代に浦賀〜長井村〜逗子と長井村〜三崎町の地方鉄道免許を受けており、二次開業線としていたが着工できないでいた。しか

し東京急行電鉄合併中に久里浜地区への軍需工場への便を図るため1942（昭和17）年に横須賀堀内（現・堀ノ内）〜久里浜（仮）間が開業。久里浜は1943（昭和

京浜久里浜〜野比

野比トンネルの野比方ポータル、京浜久里浜1号踏切付近だがまだ開発はされていない。野比トンネルで越える山は、撮影の1965（昭和40）年から山万の宅地開発事業初進出地「湘南ハイランド」の造成が始まる。「湘南ハイランド」は全国初のカタカナ町名となった。電車はデハ230形デハ231、湘南電気鉄道デ1。
◎デハ231　京浜久里浜〜野比　1965（昭和40）年1月17日

18) 年に平作川を渡って現在地まで延長し、翌1944 （昭和19）年に国鉄横須賀線が久里浜まで延長されると、湘南久里浜に改称した。戦後1960年代の高度成長期を迎えると輸送力増強とレジャー時代の対応として輸送量増強計画が立てられ、都心への地下鉄乗入れ工事のほか、久里浜から先、三崎・油壺への延長計画とレジャー施設の建設が進められる。そして1963（昭和38）年に京浜久里浜（湘南久里浜を改称）～野比（現・YRP野比）間が、1966（昭和41）年には津久井浜・三浦海岸と開業区間が伸ばされていった。

最初の延伸開業区間、京浜久里浜～野比は途中に延長700mほどの1号野比トンネルがある関係で単線での建設となった。上の写真は、並行する国道が尻こすり坂通りと呼ばれるほど、かつては荷車の尻が地面に擦れるほどの急坂だった場所を、1884（明治17）年に開鑿し、現在の道になっている。線路は手前から築堤で高さを稼ぎ野比トンネルで越える。奥に久里浜港を望むが、海が見える所まで山腹を登ったようだ。
◎デハ231 京浜久里浜～野比 1965（昭和40）年1月17日

三浦海岸

1966(昭和41)年3月27日に野比(現・YRP野比)～津久井浜間が単線で、7月7日に津久井浜～三浦海岸が複線で開業する。開業にあわせ三浦海岸を「東洋のデイトナ・ビーチ」として大キャンペーンを実施、この年は猛暑とあって未曽有の盛況を呈した。上の写真はデハ1000形デハ1185～1190の6両編成が三浦海岸駅に到着する。手前では宅地開発が始まっている。

下の写真は開業当時の三浦海岸駅。三崎・油壺までの延長を目指していたころなので、当然延長を考えた構造になっている。しかし三崎港付近は用地困難なため建設を断念し油壺～三崎間は1970(昭和45)年に免許を取り下げ、油壺までは1968(昭和43)年にオープンした油壺マリンパークへのアクセスや、駅付近で区画整理事業を行い宅地開発も目指す予定だったが、小網代地区が風致地区に指定されたり、用地買収が困難だったりで、1975(昭和50)年に工事が進んだ三崎口までを開業。

その先は小網代の森の通過を環境保護問題で反対されたり、やはり用地買収が困難で2005(平成17)年に三崎口から先の免許を取り下げた。この時は将来の土地区画整理事業等に連動して再申請の予定だったが、土地区画整理事業も凍結され延伸計画は無くなった。

◎デハ1185　三浦海岸　1967(昭和42)年1月10日

◎三浦海岸駅　1967(昭和42)年1月10日

京浜急行電鉄の車両アルバム

ヒギンズさんが撮られた京浜急行電鉄の車両は、1922（大正11）年製の最後の木造車だった京浜デ41形から、1978（昭和53）年に登場した二代目の800形まで、通勤形の二代目700形と、京浜デ101形を出自とするグループ、昭和40年以降の改番更新後の一部車両以外は写真を撮られてみえる。

クハ120形（京浜デ41形）

1922（大正11）年に京浜電気鉄道8年ぶりの新車、41号形として藤永田造船所で10両新製。翌1923（大正12）年に蒲田付近の併用軌道が専用軌道化され、品川〜神奈川間で連結運転を近く行うために総括制御を採用し、鉄骨木造車体の最後の形式となる。関東大震災で36号形40が復旧の際41号形と同型となる。1924（大正13）年には半鋼製車体とした51号形が20両汽車会社で製造。1927（昭和2）年から電気回路と空気回路も同時に連結できる、K1A自動密着連結器を装備、1931（昭和6）年にはホーム嵩上げ工事終了を受けてステップの撤去、1933（昭和8）年に京浜線改軌による改造工事、1938（昭和13）年にポールからパンタグラフ集電に交換、1939（昭和14）年に自動扉開閉装置取付と、運転に合わせた車両改造を行っている。1937（昭和12）年に正式称号を付して、デ41形デ40〜50、デ51形デ51〜70となる。
東京急行電鉄合併でデ41形はデハ5120形デハ5121〜5131、デ51形はデハ5141〜5160となる。戦時中に戦災廃車や電装解除があり、京浜急行引継ぎ時には車番から5000を引き3桁として、電動車はデハ制御車はクハとしたが、1951（昭和26）年の大師線昇圧で全車電装解除され、クハ120形とクハ140形となった。クハ120形は1958（昭和33）年に初代600形へ更新改造という名義で全車廃車されている。クハ150形も1965（昭和40）年までに全車引退した。昇圧後はデハ230形やデハ290形と組んで2〜3両編成で活躍している。◎クハ121　小島新田〜塩浜　1956（昭和31）年6月15日

デハ230形（湘南デ1形）

湘南電気鉄道開業時に用意されたのがクロスシートを装備するデ1形で、当初16両、翌年までに全25両が登場している。車両の設計は川崎車輛と京浜電気鉄道が共同で行い、半鋼製車体ながら軽量構造とし、当時軍縮で需要が減った艦船用鋼板から無駄のない採寸の結果腰板が低くなり、天地方向に大きな窓となった。軌間は湘南の1435mmゲージだが、京浜電気鉄道の改軌の際は、600V電化区間の品川まで乗入れる複電圧仕様とされた。

また湘南と京浜が横浜で接続、京浜が蒲田から五反田へ新線を建設、東京地下鉄道が浅草から銀座・新橋・五反田と地下鉄を延伸、これらを結んで浅草から横浜・浦賀へ直通させる計画があったので、車体は東京地下鉄道の規格にあわせてある。ただしパンタグラフ折り畳み高さの問題や竣工時期が未定など、株式でお金を集めるための広告的要素が強かったと思われるが。事実京浜電気鉄道は先に開業している池上電気鉄道との競合を避けるため、五反田経由は断念し、品川へ軸足を移しこの計画は一旦は無くなるが、1936（昭和11）年に新橋から先の建設を東京高速鉄道と対抗するために急ぎたくても今までの建設で資金が足りなかった東京地下鉄道と、都心乗入れを目指す京浜電気鉄道の利害が一致し、新橋〜品川間を京浜地下鉄道を設立して共同出資し建設することを決める。

開業時には京浜地下鉄道、東京地下鉄道、東京乗合自動車、京浜電気鉄道、湘南電気鉄道が合併し、一体となった運営を目指すとしたが、東京地下鉄道を傘下にしたい東京高速鉄道の五島慶太氏は、これを逆手にとって京浜電気鉄道に敵対的買収を仕掛け、事実上の子会社としてしまう。この混乱の調停に鉄道省が入り、帝都高速度交通営団の設立となるのだが、この時の乗入れ車両もデ1形になるはずだった。写真は湘南電気鉄道デ1だったデハ231。

◎デハ231　京浜久里浜〜野比　1965（昭和40）年1月17日

デハ230形（京浜デ71形）

デ1形は軽量化のため中梁を省略したのを鉄道省から指摘され、その後の同型車は中梁付きの台枠構造に戻した京浜電気鉄道のデ71形が12両、ロングシート化したデ83形が12両、デ83形と同型の湘南電気鉄道デ26形が6両ある。これらデ1形一族は、1940（昭和15）年にロングシート化されたのち、1942（昭和17）年の東京急行電鉄への合併で改番され、順にデハ5230形デハ5231〜5285となった。

戦災を受けた3両（5265、5279、5282）はクハ5350形で復旧されたので、1948（昭和23）年の京浜急行電鉄設立時はデハ230形231〜285（265、279、282は欠）の52両になった。戦後も大きな改造は無く、1951（昭和26）年の全線昇圧までで1500V専用にされ、1963（昭和38）年の改番で欠番を一部埋めて、デハ231〜277、281〜285とされた。1964（昭和39）年から更新修繕が行われ、塗装変更、前照灯シールドビーム1灯化、尾灯を角形化、扉交換、窓枠をアルミサッシ化、片運転台化、連結面側に貫通路の設置、乗務員室の全室化が行われ、2両もしくはクハorサハを挟んだ3両固定編成となる。また番号がわけられていた281〜285は制御車化されクハ280形に、1970（昭和45）年にATS取付対象から外れサハ280形となった。

1966（昭和41）年に地下鉄乗入れ対応のため連結器の高さを140mm高く変え小型密着自動連結器NCB-6に交換、1970（昭和45）年は胴受けを付けたNCB-2に再交換されている。1972（昭和47）年から老朽化による廃車が始まり、1978（昭和53）年に全車廃車となった。その中の14両は高松琴平電鉄に譲渡されている。

写真は京浜電気鉄道デ71だったデハ256、連結器交換後は台枠による車高の差が連結器切り欠きに出て、デ1形出自と車と異なる。◎デハ256　穴守稲荷　1973（昭和48）年5月13日

デハ300形
（東急デハ5300形）

デハ300形は1940（昭和15）年ごろから計画されていた18m級の大型車両で、その後の京浜急行や都営地下鉄乗入れ寸法の基になった。京浜電気鉄道デ200形8両と湘南電気鉄道デ251形7両が川崎車輌に発注されたが、落成は東京急行電鉄になってからの1943（昭和18）年になり、デハ5300形デハ5301〜15となった。翌1944（昭和19）年にデハ5316〜5320の5両が増備された。

戦災で5303と5307が全焼、制御車として復旧されたのでクハ5300形となり、1948（昭和23）年の京浜急行電鉄設立時はデハ300形301〜302、304〜306、308〜320とクハ300形303、307となった。クハ300形は1950（昭和25）年に東急横浜製作所で車体を新製して電装、デハ300形に復している。1960（昭和35）年にナンバー通りに2両固定編成化、1966（昭和41）年から更新修繕が行われ、連結器改造はデハ230形と同時期に実施している。1973（昭和48）年から列車無線取付に伴う4両固定編成化や、空港線等運用のため3両固定編成の準備工事が行われた。1978（昭和53）年〜1979（昭和54）年にデワへ改造された6両を除いて廃車解体された。

1946（昭和21）年にデハ5300形の編成を組むクハ5350形が5両発注されていたが、戦災で大きな被害を受けた井の頭線に転用され、デハ1710㎜として落成している。標準軌用の台車に長軸を使って1067㎜ゲージに対応していたので、末期は改軌して京王線へ転属していた。

◎デハ303　弘明寺〜上大岡　1958（昭和33）年8月2日

デハ400形
（東急デハ5400形）

デハ400形は東京急行電鉄時代の1947（昭和22）年に、鉄道車両製造の経験が浅い三井造船玉野製作所で木造車の改造名義で10両製造された。この車から1500V専用車となり全室密閉式運転台で登場している。それ以前の車両は開放式の半室運転台だったが、占領軍兵士による不当行為防止などから、逐次全室運転台に改造されている。

戦後混乱期の車両故に体質改善工事を実施してきたが、1965（昭和40）年にデハ480形に改番ののち、新製車体と載せ替えを行い付随車化されサハ480形になり、デハ460形と編成を組んだ。

◎デハ402　堀ノ内～京浜大津
1965（昭和40）年1月17日

デハ420形

1949（昭和24）年、京浜急行電鉄分離後の初の新車として日本車輌でデハ421〜430の10両を新製、運輸省規格型車両に寸法を合わせたため17m級と、やや車長が短い。1950（昭和25）年にデハ431、433、435が川崎車輌で、432、434が東急横浜製作所で増備され、1956（昭和31）年に編成を揃えるためデハ436が東急車輌で製造された。1957（昭和32）年に5両が制御車クハ420形に改造され電装品が600形へ転用されたが、1966（昭和41）年に発生品により電動車へ復している。

1970（昭和45）年に車体更新され、ノーシルノーヘッダー、車内の全金属化、補機類の振り分けによる2両固定編成化、1973（昭和48）年に列車無線取付のため奇数車のパンタグラフを撤去、偶数車は車端に移動させる工事が行われた。1979（昭和54）年から1981（昭和56）年に全車廃車解体された。
◎デハ435　湘南富岡　1956（昭和31）年12月

500形

1950（昭和25）年に急行運転が再開され、そのサービス向上を図って1951（昭和26）年、2扉セミクロスシート車のデハ500形デハ501～510が登場した。2枚窓流線形の前面に大きな側窓は、新しい京浜急行電車スタイルとして700形まで引き継がれた。

翌1952（昭和27）年にクハ550形を10両増備し、デハと組んで2両編成となる。500形から製造所が川崎車輌（川崎重工）と東急横浜製作所（東急車両）で分担する形は、後の新製車輌へ続いていく。500形は急行のほか、ハイキング特急・海水浴特急・房総連絡特急としても使われている。

1964（昭和39）年にデハは出力増強工事（150kw←110kw）を受けると共に、クハは付随車のため貫通路を設けるために流線形部分を台枠から切断し、60mm車体長が短くなり、デハ・サハで4両固定編成とされた。

1969（昭和44）年から台車・電装品・台枠を利用して(新)700形と同じサイドビューの4ドア車に車体を作り変えられている。末期はサハを1両外して3両編成で空港線で使われたが、1986（昭和61）年に廃車になる。

◎クハ554　弘明寺～上大岡
1958（昭和33）年8月2日

600形

600形は、1953（昭和28）年に500形をベースに3扉ロングシートの通勤用車として登場。1953年にデハ600形とクハ650形を組んだ2両編成5本と、1955（昭和30）年に2両編成6本が半鋼製車体で登場。1957（昭和32）年と1958（昭和33）年に、デハ120形の鋼体化名義で全金属車体を持つ2両編成5本が製造されている。

1965（昭和40）年に1953（昭和28）年と1955（昭和30）年製の車のうち10両が中間車され4両編成5本、2両編成1本に組み替えられる。このうち14両がデハ400形440番台（23ページ参照）に、残り8両はデハ400形470番台（8ページ参照）に、改造改番される。全金属車体車体を持つグループは出力増強工事（150kw←110kw）を受けると共にクハも電装してデハ400形460番台に改番し、サハ480形を組み込んだ4両編成5本を組んだ。末期は空港線用に3両編成となり、1986（昭和61）年までに廃車されている。

◎クハ662　弘明寺〜上大岡
1958（昭和33）年8月2日

700形

1956(昭和31)年、全金属車体・カルダン駆動・電空併用ブレーキ・多段階制御装置・MM'ユニットなどの多くの新機軸を採用した新しい特急用の2扉クロスシート車、デハ700形・デハ750形の東洋電機の電装品を持つユニットと、デハ730形・デハ780形の三菱電機の電装品を持つユニットが登場した。両社で異なる設計を競作させたが、運転の混結は可能とされた。1958(昭和33)年までにデハ701+751～711+761と、デハ731+781～739+789の2両編成20本が製造されている。

1966（昭和41）年にデハ600形（2代目）に改番、デハ700と730が奇数車、デハ750と780が偶数車となり、東洋電機電装品車が622まで、三菱製電装品車が623から付番されるが、改番は番号順にはなっていない。1968（昭和43）年までに4両編成化、1972（昭和47）年から更新工事にあわせて冷房改造も行われた。2000系が増備されると廃車が始まり、1986（昭和61）年に全廃した。うち6両は高松琴平電気鉄道に譲渡されている。◎デハ734　八丁畷～京浜川崎　1960（昭和35）年11月20日

800形

1957（昭和32）年、都営地下鉄1号線乗入れ用に、京急・都営・京成の協議により直通車両統一規格を決定した。これに基づき地下鉄乗入れ及び地上線高性能通勤汎用車としてデハ800形・デハ850形のユニットで2両編成2本を試作した。形態は700形を3扉ロングシートにした感じとなり、800形までは車体幅が2700mmで製造されている。
1965（昭和40）年に1000形に組み込まれデハ1000形デハ1095〜1098に改番された。その後は行先方向幕取付け、1972（昭和47）年に正面貫通扉と列車無線取付でパンタグラフ移設が行われるなどしている。冷房改造はされず1988（昭和63）年に廃車された。◎デハ802　弘明寺〜上大岡　1958（昭和33）年8月2日

1000形

1959(昭和34)年、直通車両統一規格を満たしながら地下鉄乗入れ時期が未定だったため、地上線用高性能通勤車として デハ1000形が4両編成で登場した。車体幅は2780mmに広げられたが、地上線用のため正面非貫通2枚窓は800形を引継ぎ、ヘッドライトはシールドビームとされた。製造は川崎車輌と東急車輌、電装品は東洋電機と三菱電機があるのは 700形と同じだが車番は区別せず、編成で1001～04、次の編成が1005～08と形式はデハ1000形で同じで編成内で連番 という付番になった。1960(昭和35)年までに12編成が登場(写真は12～13ページ)。1969(昭和44)年より貫通扉取付 改造が行われ、地下鉄乗入れ可能になった。

1961(昭和36)年製造の車から正面貫通扉が取付けられ(写真は30ページ)、4両編成のほか、2両・6両編成が登場し、 2両編成は4両編成の続き番号だが、6両編成は1101～06から付番された。1966(昭和41)年から正面方向幕取付け改 造が行われる。写真の1964(昭和39)年製造の車(1131～)から正面方向幕が埋め込まれて登場している。増備の過程で 2両と6両があったが、最終的に6両編成に揃えられ、2両編成の1079+1080は1201-1206に改番されている。1968(昭 和43)年製造の車(1207～)から上屋根が無くなりFRP製の通風機を備え、ATS・列車無線・NCB-2形連結器を新製時か ら装備する地下鉄乗入れ対応車となる。◎デハ1149　三浦海岸　1967(昭和42)年1月10日

1000形新製冷房車

1971（昭和46）年に製造された6両編成3本から冷房付きとなり、電装品も標準化が図られる。車番は1251～からと、前回ロットの最終番号1242から間を空けて付番されている。冷房搭載の関係で車重が増え地下鉄へ乗入れが出来なかったため、8両編成に組み替えられ、余った先頭車2両は1972（昭和47）年に中間車6両を新製し組み込んだ。写真の編成が該当し、編成で車号を揃えるために改番され、先頭のデハ1267は、デハ1263から改番されている。

1974（昭和49）年の製造は特急の12両化のため4両編成が増備され、番号は1301～04から付番されている。このグループから一体圧延打ち車輪を採用し軽量化を行い地下鉄線へ入れるようになる。また1251～1290も車輪を交換されて地下鉄線に入れるようになった。1977（昭和52）年には6両編成が増備されるが、また番号を空けて1351～56から付番されている。

1978（昭和53）年に2両編成が久々に増備されるが、これは1961（昭和36）年製の続き番号で、1964（昭和39）年製の1201と1206が当初付けていた1079+1080を付番、同年10月には最終編成になる8両編成が製造されるが、8両編成は1251～1298まで付番され空きが無かったので、1968（昭和43）年製の6両編成の続きが1243～1250と8両分空いていたので、ここに付番された。

◎デハ1267　蒲田　1973（昭和48）年5月13日

800形（2代目）

800形（2代目）は1978（昭和53）年末に登場した地上線用普通列車用。3両1ユニットの東洋電機製回生制動付き分巻界磁チョッパ制御に全電気指令式ブレーキを装備。イメージチェンジを図る外観となり、正面非貫通で片側4扉、塗装も窓周りを白くするものだったが、これは2000形が登場すると優等列車用としてこちらに譲り、一般的な白帯となる。

当初は3両編成で車番は（編成番号-編成位置）で表され、第1編成なら編成番号は801、編成位置は浦賀方から-1 -2 -3となる。写真のデハ812-1の編成は1979（昭和54）年製の一次量産車。丸形ヘッドライトの最終編成。以降は808編成で試用された角型ヘッドライトになる。1986（昭和61）年に中間車3両を組み込み6両編成化、品川方の先頭車はデハ812-6に改番されている。

写真は高架工事中の京浜鶴見駅、新しく設けられる上り待避線を上り本線に、完成後の上り本線を下り本線にして、下り本線部分の高架橋を建設中。

◎デハ812-1　京浜鶴見　1980（昭和55）年2月18日

京成電鉄、新京成電鉄の時刻表

（昭和11年7月）

十一年七月五日訂補	京 成 電 氣 軌 道 線 ㊟

本　線	上野公園、△博物館動物園、△寛永寺坂、日暮里省、△道灌山通、△新三河島、△町屋、西千住、△千住大橋、△京成關屋、△堀切菖蒲園、お花茶屋、△青砥、△京成高砂、京成小岩、江戸川、△市川國府臺、△市川眞間、菅野、新八幡、京成八幡、中山鬼越、△京成中山、葛飾、海神、△京成船橋、大神宮下、京成花輪、谷津遊園、△京成津田沼、京成大久保、實籾、京成大和田、志津、京成白井、△京成佐倉、大佐倉、京成酒々井、宗吾、△京成成田
支　線	押上、京成請地、京成曳船、向島、荒川、△四ツ木、△京成立石、△青砥、△京成高砂、△柴又、△京成金町　△京成津田沼、京成審張、検見川、京成稲毛、濱海岸、千葉海岸、新千葉、△京成千葉

粁程 上野公園ヨリ	粁程 押上ヨリ	運賃 上野公園ヨリ	運賃 押上ヨリ	運賃 京成成田ヨリ	運賃 京成千葉ヨリ	驛　名	運轉所要時間 上野公園ヨリ	運轉所要時間 押上ヨリ	運轉所要時間 京田成田	運轉所要時間 京葉千ヨリ	運　轉　時　間	
		銭	銭	銭	銭		分	分	分	分	上野公園・京成成田間	28分毎ニ運轉
0.0	17.2	0	29	97	68	上　野　公　園	…	…	87	67		
2.1	15.1	5	25	94	63	日　暮　里　省	4	…	83	63	上野公園・京成千葉間	28分毎ニ運轉
5.9	11.3	10	19	88	58	千　住　大　橋	10	…	77	57		
17.2	0.0	29	0	88	58	押　上　石	…	…	80	60	押　上・京成成田間	28分毎ニ運轉
6.7	4.6	21	8	80	52	京　成　立　石	…	9	71	51		
11.5	5.7	19	10	78	50	青　　砥	18	11	69	49		
12.9	7.1	21	13	77	47	京　成　高　砂	20	13	67	47	押　上・京成千葉間	28分毎ニ運轉
16.4	10.6	25	18	71	43	市　川　國　府　臺	25	18	62	42		
17.4	11.6	25	19	69	41	市　川　眞　間	27	20	60	40		
20.9	15.1	30	25	64	35	京　成　中　山	34	27	53	33	上野公園・青砥間	6分乃至17分 毎ニ運轉
25.2	19.4	38	32	58	29	京　成　船　橋	41	34	46	26		
29.7	23.9	47	38	50	21	京　成　津　田　沼	49	42	38	18		
42.7	36.9	63	58	71	0	京　成　千　葉	67	60	…	…	上記 押上發高砂行4 16ヨリ1 10マデ	6分乃至20
51.0	45.2	80	72	13	55	京　成　佐　倉	74	67	13	…	ノ外 高砂發押上行4 00ヨリ0 48マデ	分毎ニ運轉
61.5	55.7	97	88	0	71	京　成　成　田	87	80	…	…		

支 線	區　　間	粁程	運賃	運　轉　時　間
	押上・京成金町間	9.4粁	16銭	17分ヲ要シ 押上發京成金町行 5 09 ヨリ 0 02 マデ 12分毎ニ運轉 京成金町發押上行 5 13 ヨリ 11 42 マデ 12分毎ニ運轉 以後 12 09、0 20 ハ高砂ニテ乗換

（昭和30年9月）

30.9.1改正 上野─成田─千葉─金町㊟（京成電鉄）	特急	初　電			終　電			粁	賃	駅　名	初　電		終　電			特急	間隔
	930 レ レ 948 レ レ レ レ	500 504 512 518 523 526 … … … … 500	2210 2214 2220 2228 2234 2237 … … … … 513	2250 2254 2302 2308 2314 2317 … … … … 559	2335 2338 2346 2352 2358 001 009 018 025 031 2310	005 009 017 023 031 … … … … … 2350	2.1 3.8 6.6 9.4 10.7 15.4 19.6 23.1 26.1 27.6	10 10 20 20 30 50 50 60 60	発京成上野着 日暮里㊟発 千住大橋〃 堀切菖蒲園〃 青　砥〃 京成高砂〃 市川真間〃 東　中山〃 京成船橋㊟〃 谷津遊園〃 京成津田沼〃	506 502 453 448 443 440 … … … … 500	529 525 516 511 506 503 455 446 439 433 430	611 607 558 553 548 545 537 528 521 515 512	011 007 2353 2348 2345 2337 2328 2321 2315 2312	… … … … … 2400	1535 ↑ 1517 ↑（開運号）↑	2 ─ 10分
	レ 520 524 533	610 614 624	2346 2350 2400				32.9 35.8 40.6	80 80 90	検見川〃 京成稲毛〃 着京成千葉〃	452 449 440	… … …	2303 2300 2250	2352 2348 2340			10 ─ 20
	レ 512 527 536 542 1045	… 628 637 542	612 2322 2337 2346 2352	002			36.6 48.9 55.1 59.4	80 110 130 140	発京成大和田〃 京成佐倉〃 宗吾参道〃 着京成成田〃発	… … … … 430	500 445 436 430	2300 2245 2236 2230			↑ ↑ ↑ 1420	7 ─ 20 分
初電終電間は成田・千葉行約20分毎運転																	

| 特急「開運号」 京成上野─京成成田 座席指定料金 50円 | 448 457 500 507 510 | … … … … … | 2321 2332 2336 2337 2340 | 2345 002 005 | | | 0.0 5.7 7.1 8.0 9.4 | 円 10 20 20 20 | 発押　上着 青　砥発 京成高砂〃 柴　又〃 着京成金町㊟発 | 500 448 445 … … | 519 507 504 501 458 | … … … … … | 001 2349 2345 2343 2340 | | | 4 ─ 20 分 |

急行	上　野発	820.	900.	945.	1000.	1020.	1040.	1120.	1140	急行	印旛 上野発	900.1505
護摩	成　田発	1336.	1444.	1504.	1521.	1541.	1603.	.1624	1704			
通勤急行	成　田発	602.	622.	642.	702.	722.	上野発1702.	1722.	1742.	1802.	1822	

30.9.1改正	松　戸 ─── 京成津田沼 ㊟（新京成電鉄）

542 622	此　　間	2216 2238 2352	粁	円	発松　戸㊟着	612 652	此　　間	23 08 五号
551 631	松　戸発	2225 2246 2400	3.8	10	八　柱発	603 643	津田沼発	23 00 香2354
609 649	くぬぎ山行	2242 2303 五号 000	13.3	40	初　富〃	545 625	松　戸行	22 43 2344
624 704	約20分毎	2258 ─ 香	21.7	70	習　志　野〃	530 609	約40分毎	22 27 2328
631 711	津田沼行	2303 …	25.0	70	新津田沼〃	524 603	高根木戸	22 21 2323
634 714	約40分毎	2306 …	26.2	70	着京成津田沼発	519 559	約20分毎	22 18 2320

第2章

京成電鉄

ヒギンスさんの写真を用いて、京成電鉄の沿線風景や電車を紹介

京成電鉄の沿線から

京成電鉄の車両アルバム

東京都交通局　1号線（浅草線）

京成電鉄 本線

けいせいでんてつ　ほんせん

　押上を東京側の起点とした京成電気軌道であったが、浅草への乗入れは東武との競合もあり進まなかった。1928（昭和3）年に王子電気軌道と連絡を図るため白髭線を開業するが、隅田川対岸は用地買収が進まず延伸出来なかった。そんな中、上野〜日暮里〜筑波山への路線敷設免許を持っていた筑波高速度電気鉄道は、免許転売を東武鉄道に持ち掛けたが折り合いが付かず今度は京成へ打診、浅草・上野

延伸を目指していた京成は即答し、筑波高速度電気鉄道を1930（昭和5）年に合併。同社が取得した上野公園〜日暮里と梅島町〜松戸間の支線免許と、京成が日暮里〜梅島町間の特許を取得、これをルート変更して日暮里〜青砥間のルートとし、地方鉄道分の免許は開業直前に特許（軌道）に変更して上野乗入れを果たした。上野線が開業すると存在理由を失った白髭線は1936（昭和11）年に廃止している。多額の建設費用を要した上野延長だったが、建設費は昭和恐慌の最中で好景気時より安く済み、また上野開業後は経済も持ち直し鉄道事業の他、配電事業等の副業も多くの利益を上げ、戦前に建設費償還を終えている。軌道法で運行してきた京成電気軌道だが実態は鉄道であり、1945（昭和20）年に監督官庁の行政指導で地方鉄道に変更、社名も京成電鉄に改めた。

京成上野

日暮里〜上野公園間は1933（昭和8）年12月10日に開業したが、日暮里を出て国鉄線を跨ぐとトンネル、特に上野公園内は樹木の根を傷つけないよう配慮を要求されたうえ非常に土被りが浅いトンネルを建設、また博物館動物園駅付近、今の東京国立博物館の敷地は当時皇室の世伝御料地で、建設に際し、御前会議が開かれ無事建設が決まっている。

1953（昭和28）年に京成上野駅に改称、駅は4両編成対応の2面4線ホームだったが、6両編成に対応するため1967（昭和42）年に1番線を閉鎖し2番線を6両対応とした。しかし開業から40年近くなり設備が老朽化したきたことや、また成田空港へのスカイライナー運行開始に向けて、10両編成対応2面4線のホームにするために、1973（昭和48）年6月16日から半年間を電車を日暮里折返しとして日暮里〜京成上野間を運休して駅の躯体を作り直し、駅全体の改装工事は1976（昭和51）年7月に竣工した。

電車は500形モハ510、1935（昭和10）年に製造の制御車510形で、電装されたのち1968（昭和43）年に全金属車体に載せ替えた。

◎モハ510　京成上野
1973（昭和48）年6月3日

日暮里

京成電鉄の日暮里駅は1931（昭和6）年6月の開業。当初は1928（昭和3）年の京浜東北線赤羽延長の工事とあわせて架けられた下御隠殿橋の北側に位置し、1933（昭和8）年の上野公園延伸時に現在地へ移転、駅前と国鉄線の間にあった法面を築堤に改築したので幅が狭く、当初から橋上駅になっていた。京成上野方面は高架橋になり国鉄線を越えている。

本線の左に見える側線では、1959（昭和34）年の改軌工事の際1372㎜ゲージと1435㎜ゲージの計4本の線路が敷かれ、車両の台車交換が行われることになる。電車はクハ2000形、戦災国電の払下げ車で、地方鉄道規定の車体幅に収めるため、車体を長手方向に切って幅を詰めているため、貫通扉が狭くなっている。窓配置から元モハ30形のグループで、クハ2014～2016が該当する。
◎クハ2000形　日暮里　1957（昭和32）年6月4日

千住大橋

駅名の由来の千住大橋は日光街道が隅田川を渡る橋の名前。筑波高速度電気鉄道の計画では日暮里から隅田川を渡ると北を目指し、梅田、西新井へ向かう計画だったが、合併後、日暮里～梅島町の特許を受け、筑波高速度鉄道の免許とあわせルート変更し、青砥～日暮里のルートとした。

隅田川にある駅西側の筑波高速度電気鉄道の計画ルートでは紡績会社所有地を求めたが、隅田川沿いの土地をまとめて購入する必要が出てしまい、アシの茂った湿地だった千住緑町の敷地を上野線工事で出た残土を使い造成し、鉄道開業後に京成電鉄により宅地分譲されている。

この区間は隅田川や藍染川（1918（大正7）年に作られた台東区・文京区を流れる谷田川の分水路）に沿って高架橋で作られたため、軟弱地盤を、重量のある車両が高速で走れるよう十分な鋼材が使われている。1977（昭和52）年に、成田空港への特急スカイライナー運転のため、築堤の法面部分に高架橋を建て駅の幅を広げ、2面4線に待避駅に改築している。

電車は750形モハ758、1955（昭和30）年に帝国車輌で増備された新性能電車で、当初は3両編成だったが、1957（昭和32）年にクハ2250を組み込み4両編成となった。軽量車体構造で傷みが早かったのと、車端部に寄せた客室ドアの扱いが不便でもあり更新の対象から外れ、1973（昭和48）年に3500系と交代し、先に作られた釣り掛け車より早く廃車になった。

◎モハ758　千住大橋　1957（昭和32）年4月14日

京成関屋～堀切菖蒲園

荒川放水路橋梁は東京石川島造船所製の200ft下路式曲弦ワーレントラス橋3連と、70ftと60ft上路プレートガーター橋各6連で構成される。写真奥にあたる綾瀬川橋梁には下路式平行弦ワーレントラス橋と両端に上路プレートガーター橋各1連が架けられ、500mを超える川幅を渡っている。先に架けられた押上線荒川橋梁は荒川放水路建設にあわせて

工事が行われたので、橋脚が多い上路プレートガーター橋だったので対照的。走る電車は特急「開運」号の1600形京成上野行きで、当初は2両編成だったが1958（昭和33）年に売店を持つ中間車が増備され3両編成となった。
◎クハ1602　堀切菖蒲園～京成関屋　1959（昭和34）年6月13日

京成電気軌道は1912（大正元）年11月3日に押上
～曲金～伊豫田と曲金～柴又間を開業した。当時の
途中駅は、曳舟・向島・四ツ木・立石・曲金で、伊
豫田は市川の対岸の江戸川右岸に位置し、伝馬船を

チャーターして市川に連絡をしている。青砥には
駅が無かったが、立石駅は現在よりずっと高砂方に
あったのと、青戸の街からはかなり離れていた。会
社設立後、鉄道業の前に1911（明治44）年に電燈供

青砥

1912（大正元）年の京成電気軌道開業時には立石～曲金（現・京成高砂）間には駅が無かったが、日暮里線（現・本線）の
開業を控えた1928（昭和3）年に、日暮里線開業時の分岐駅として開業。戦前は上野方面と押上方面の別々のホームだっ
たが、戦後改良工事が行われ、船橋方面ホームと、上野・押上方面ホームに分けられた。電車はモハ3100形モハ3128、
モハ3100形の2次車でこのグループから空気バネを本格採用している。駅名は「青砥」だが地名は「青戸」、古くは「お
おと」と呼ばれ港があった地。駅名は青戸にあった葛西城が青砥藤綱の住居との伝承から青砥の字を取った。
◎モハ3128　青砥　1964（昭和39）年9月12日

給事業を開始しており、市川に発電所を建設し松戸・船橋をエリアを皮切りに、次第に沿線一帯に供給地域を広げていく。それにあわせ水力発電所からの購入電力に切り替え、鉄道事業を凌ぐ利益をもたらし

たが、戦時中の電力統制で1942（昭和17）年に関東配電に事業を譲渡している。

青砥駅は1959（昭和34）年の改軌工事前に、橋上駅舎化とホームの拡幅とあわせ、駅の上野方で押上線下りと本線上りが平面交差して方向別で島式ホームに着く構造に改めた。そのため青砥駅での上り方向の折返し電車は京成高砂方の引上げ線を使う必要があった。しかし本線の平面交差は運転阻害の原因となるので1973（昭和48）年から平面交差回避と環状七号線新設に伴う立体交差工事を起工。準備工事のあと、駅を京成高砂寄りの電留線のあった位置に一旦移設（90～91ページ参照）。高架橋の建設工事を始め1982（昭和57）年に押上線上り線が高架化、その後1984（昭和59）年までに上下線を高架化、翌年京成高砂駅までの区間の複々線化と、駅部分で途切れていた環状七号線が開通している。電車は都営地下鉄5000形、5073は1963（昭和38）年の新橋開業で増備された4両編成、オリンピック開幕を控えた1964（昭和39）年10月1日に都営地下鉄1号線（浅草線）は大門まで開業する。◎5073　青砥　1964（昭和39）年9月12日

京成高砂

1912（大正元）年の京成電気軌道開業時は曲金駅で、明治の町村合併以前にあった曲金（まがりかね）村に由来する。開業時から金町線との分岐駅で、かつては写っている電車の奥側の金町線を分岐した先にホームがあったが、1954（昭和29）年に踏切の青砥側に移転している。1913（大正2）年に高砂駅に改称されるが、柴又帝釈天への参拝客が乗換駅が曲金では縁起が悪いと、縁起がよい謡曲「高砂」に因んで、高砂に改名された経緯がある。1931（昭和6）年の京成高砂への改称は、日暮里線の開業で国鉄との連絡運輸を開始するため「京成」を冠した。この当時の鉄道省には高砂駅は無かったが、同じく連絡運輸をしていた播丹鉄道（後の高砂線）に高砂駅があったためであろう。開業時から車庫を併設し、後に鬼怒川水力電気からの受電で変電所も併設され、運転上の要の地だった。電車は100形と2000形、モハ124＋クハ2014＋モハ125の編成。1958（昭和33）年から車体載せ替え更新が行われたグループで、中間にクハを入れた3両編成で運転されていた。◎モハ125　京成高砂　1960（昭和35）年12月26日

京成八幡～鬼越

1914（大正3）年8月30日に江戸川橋梁を単線で架設し、市川新田（現・市川真間）までの第1期予定線を完成。続けて第2期線として船橋までの延長工事を開始。この区間では国道を利用した併用軌道を予定していたが、すでに交通量が増えていたのと軍隊の演習行軍の道路とも重なったので、国道山側に新設軌道で線路敷設を行うように急遽変更し、中山までが1915（大正4）年11月3日に、船橋までが1916（大正5）年12月30日に開業する。開業時に設けられた八幡駅は、葛飾八幡宮の参道踏切押上方、ちょうど写真の位置にあったが、1935（昭和10）年に新八幡駅が開業し1942（昭和17）年に京成八幡駅に改称、改称前に八幡駅は廃止されている。写真のモニ5形はモニ5～7の3両が1925（大正14）年に雨宮製作所で作られた。用途は専ら事業用で、線内のバラスト輸送に使われたが、戦中戦後は配給物資の輸送にも使われていた。末期は青色に塗られていたが、この頃の塗装は黒色だった。
◎モニ5　京成八幡～鬼越　1957（昭和32）年6月4日

京成電気軌道は名前の通り東京と成田を結ぶ鉄道として計画されたが、船橋延長後は県都千葉への延長を先行させる事になった。この区間は既に総武鉄道により鉄道が敷かれ国鉄線として営業していたが運転本数は少なく、地元からも延長の強い要望があった。成田方面は1921（大正10）年の千葉線開業

京成津田沼

都営地下鉄への相互乗入れに向けて改軌工事が準備中の京成津田沼駅。1959（昭和34）年8月18日に京成線改軌に備えモハ121が走る新京成線は1372mmゲージから1435mmゲージの改軌工事を終えている。工事直後でバラストの色も新しい。京成線からの3・4番線からも線路が新京成線へ延びているが、この時の京成線は1372mmゲージで、京成電鉄第二工場のある新津田沼駅までは4線区間になっており、どちらの電車も走行できるようになっていた。電車は126形モハ127で、この年の3月に新京成電鉄に移籍しているが、塗装変更は全般検査時に行われたため、京成色のまま活躍している。126形は電装時に20形の米国GE社製の物を転用しており、英国DK社系の100形と運転扱いが異なるので、戦後生き残った7両全部が更新前に新京成電鉄に移籍している。◎モハ127　京成津田沼　1959（昭和34）年8月22日

後、船橋から成田へ向かうルートを既に開業してい
る津田沼からの分岐ルートに改め、1926（大正15）
年に酒々井、成田花咲町へと開業。現在の京成成田

駅までは地元と駅の位置の調整もあり1930（昭和5）
年に開業している。

改軌工事終了後の京成津田沼駅、千葉線ホームから千葉方を望んでいる。千葉線はこの先築堤に上がり国鉄の総武本線
と並行するので、あとから建設された成田方面への本線は、画面右手のホームからいったん右手に振ってから左にカー
ブし、掘割で千葉線と総武本線をアンダーパスしている。電車は100形モハ122、成田線開業用の電車だが1927（昭和2）
年の入線、1956（昭和31）年の更新工事で全金属製車体に載せ替えているが、この年の更新車は木造屋根の車と同寸法な
ので屋根の厚みが85mm深い。その差が隣のクハ2000形との屋根の高さの差となっている。先頭は同じく屋根が深いの
で同じ年に更新されたモハ117か。この2両は基本的に同じ編成で使われ、新京成電鉄へ移籍も同じく1963（昭和38）年
だった。◎モハ122　京成津田沼　1960（昭和35）年2月13日

京成大久保

成田延長は船橋から佐倉街道に沿って敷かれる予定
だったが、千葉線の開業が先行した関係で津田沼からの
分岐に変更されたので、大久保付近に線路が敷かれる
事になった。戦前駅の付近は軍隊の都で騎兵隊第十三
〜十六聯隊、騎砲兵大隊、騎兵学校などがあり、駅前に
はそれらを結ぶ鉄道聯隊の軍用鉄道が敷かれていた。
電車はAE形AE-1、1972（昭和47）年に新東京国際空港
開港にあわせて用意されたが、空港は反対運動で開港
が大幅に遅れ運転ができないでいたが、1973（昭和48）
年から上野〜京成成田間の特急で運転が開始される。
当初は「特急」と表示されていたが、1974（昭和49）年
12月のダイヤ改正で空港アクセス用に用意された愛称
「スカイライナー」を名乗るようになった。
◎AE-1　京成大久保　1975（昭和50）年5月10日

京急車の京成線乗入れは、1968（昭和43）年6月の京成-
都営-京急の3社相互乗入を開始からであるが、1969（昭
和44）年年末の終夜運転から三浦海岸〜京成成田間の
「招運」号が運転され、京急車が成田まで運転された。
翌1970（昭和45）年5月からは京成車の京急乗入れも開
始される。
その後5月、9月、1月の休日は三浦海岸（三崎口）〜
京成成田間に4往復、7月8月の休日に逗子海岸3往
復の直通特急が運転された。逗子海岸直通は1973（昭
和48）年8月で、三崎口直通は1977（昭和52）年1月で廃
止されている。
その後京急車の京成高砂以遠の乗入は、青砥駅工事の
関係で一部が京成小岩まで乗入れたが、本格的乗入れ
再開は1991（平成3）年の京急-都営-京成-北総の4社相
互乗入れから。撮影の1975（昭和50）年5月10日は土曜
日で、貸切電車で京成成田までの運行のようだ。
◎デハ1064　京成大久保　1975（昭和50）年5月10

京成電鉄 押上線

　押上線は京成電気軌道最初の開業区間で、押上駅は東京側のターミナルだった。しかし浅草・上野の近隣地にありながら、接続する路面電車の延長は1年待たねばならず、都心の外れに位置する場所だった。そのため浅草までの延長を何回も申請するが、同じく浅草を目指していた東武との競合もあり特許が下りず京成電車疑獄事件にまで発展してしまうが、東武が浅草乗入れを果たした後の1931（昭和6）年にようやく特許が下りる。しかし既に上野線の建設が決まっており、押上から都心への乗入れは戦後の都営地下鉄1号線（浅草線）の相互乗入れによって実現した。

押上

◎モハ3112　押上　1962（昭和37）年6月30日

地上時代の押上駅は２面４線の頭端式ホームでその先に駅舎があり、北十間川に架かる京成橋の先に押上橋の東京市電の電停があった。地下化にあたって浅草通りの地下に線路を通す必要から、押上地下駅は西側のイワキセメントサイロ脇の東武 業平橋駅地下に建設された。新設地下駅は２面４線で長さ150mのホームが用意され、将来の８両編成に対応している。
前ページ写真の左側にある１番線に接続して砂利側線が地下に設けられ、東武の貨物駅から供給される砂利ホッパーが併設されていた。工事期間約１年半の突貫工事だったが無事工事は完了し、1960（昭和35）年12月１日より地下駅に移った。同時に都営地下鉄１号線（浅草線）との相互乗り入れも開始の予定だったが、都営側の工事が遅れ、相互乗り入れは４日からとなる。京成側も工事はぎりぎりだったようで、上の写真は開業26日後だが、ようやく線路撤去が終わり出入口から仮設通路ができた所のように見える。その後1967（昭和42）年、駅の跡地に京成本社ビルが建設される。
◎押上駅　1960（昭和35）年12月26日

押上～京成曳舟

押上駅を出ると東武伊勢崎線と並走する。踏切は現在の桜橋通りにあたる。手前側が東武線と側線、奥が京成線の5線分の踏切だった。左手に請地駅（東武・1931（昭和6）年開業）と京成請地駅（京成・1932（昭和7）年開業）があり、地元の利用のほか、東武と京成の乗換駅としても機能していた。

しかし東武と京成は牛田駅と京成関屋駅でも乗換が可能であり、京成請地駅は押上駅と近いこともあって戦時中の1943（昭和18）年に休止、1947（昭和22）年に廃止。東武の請地駅も1946（昭和21）年に休止、1949（昭和24）年に廃止されている。

電車はモハ3000形モハ3014、都営地下鉄1号線相互乗り入れ用に1958（昭和33）年に2両編成7本が製造された。改軌対応だが1372㎜ゲージで登場、地下鉄乗入れ前は在来塗装の青電で登場している。

◎モハ3014　押上～京成曳舟
1958（昭和33）年8月2日

左の写真の踏切から京成曳舟方、現在の押上1号踏切、ここで京成線は地下に潜り押上駅に入る。京成曳舟方は東武亀戸線を乗り越すために築堤に上がっていく。踏切の押上方に京成請地駅があったが、地下化工事で痕跡は残っていない。東武線も東京メトロ半蔵門線との相互乗入れのため、伊勢崎線は2003（平成15）年に高架化されている。

東武線を走る電車はクハ800形クハ810で、1954（昭和29）年に製造された20m級4扉車。1959（昭和34）年に行われた試験塗装のうち、採用されたオレンジに黄色帯に塗り替えられている。

◎京成曳舟〜押上　1960（昭和35）年12月26日

京成立石〜青砥

青砥駅の手前、場内信号機は警戒表示を示している。
青砥駅は1973（昭和48）年から高架工事が始まり、この
付近は東側道路に仮線を設けたのち、本線上に高架橋
を建設している。下り線は本線との立体交差のため3
階まで上がるので、高い高架橋が建設されている。電
車は都営地下鉄乗入れ直前に増備された3100形モハ
3108、乗入れ開始時は浅草橋〜押上〜東中山の区間で
運転されていた。
◎モハ3108　京成立石〜青砥
1960（昭和35）年12月26日

荒川～四ツ木

開業時の向島～四ツ木～京成立石間は、向島から直進し古綾瀬川を渡り、四ツ木駅手前から右へカーブ、四ツ木駅を出ると併用軌道になり、左に曲がって里道の併用軌道を抜け京成立石駅に向かう線形だった。

ここで荒川の治水対策で荒川放水路の計画が持ち上がるとこの区間に448mの荒川橋梁と53mの綾瀬川橋梁を架け、さらに1167mあった併用軌道区間も新設軌道に変更するため、1921（大正10）年に着工、翌1922（大正11）年に線路が付け替えられ、同時に四ツ木駅と京成立石駅が新線上に移転している。1923（大正12）年には堤防左岸に荒川（現・八広）駅が開業している。

河川通水前に工事が行われたため、上路プレートガーター橋17連という橋脚の多い橋となっている。下流に見える橋は四ツ木橋。同じく荒川放水路開削時に架けられた木造橋で、1952（昭和27）年に新四ツ木橋が線路の上流（写真の左側）に架けられたが、1969（昭和44）年に下流に木根川橋が架けられるまで現役だった。押上線の荒川橋梁も後の堤防改修で鉄橋の方が低くなってしまったのと、船舶が橋脚に当たる事故も多発し、2002（平成14）年に、すぐ下流に新橋梁が架けられ、同時に八広・四ツ木駅が移設高架化された。

電車は3050形モハ3056、都営地下鉄乗り入れ用に1959（昭和34）年に増備された電車で、当初から1435㎜ゲージに対応しており、改軌終了区間から運転を開始している。

◎モハ3056　四ツ木～荒川　1962（昭和37）年7月15日

京成電鉄 金町線

　金町線は、1900（明治33）年に開業した金町〜柴又間の帝釈人車軌道がルーツで、京成電気軌道が曲金（現・京成高砂）〜柴又間を開業するにあたり人車軌道を買収、1912（大正元）年から改軌電化工事が終了し電車運転が行われる翌年まで京成電気軌道の人車軌道として営業し、また最初の営業区間となった。

柴又〜京成金町

1912（大正元）年11月に曲金（現・京成高砂）〜柴又間が開業するが、この時は人車軌道が営業中で終点は柴又八幡社の脇だった。新線の柴又駅は現在の駅前広場の位置に頭端式のホームで建設され、金町方面を電車化した時は、外側のホームを三角にして反対側から発着していた。1959（昭和34）年の改軌時に駅が若干高砂方に寄せられ、現在の形になっている。◎モハ114　柴又〜京成金町　1958（昭和33）年6月29日

帝釈人車軌道の開業区間を行く、古地図を見ると軌道は専用軌道で、線路両側の道は金町線になってからの区画整理で
設けられた。電車の奥に見える鉄塔や、右側の植栽から前ページの撮影場所とほぼ同じ位置だが、新しい写真の方が電
車1両分後ろの下がって撮って見える。電車の後に踏切が見えるが、ここが柴又4号踏切道。前ページの写真のモハ
100形モハ114は撮影の翌年、1959(昭和34)年に大榮車両で車体載せ替え更新が行われる。写真のモハ3050形モハ3051は、
都営地下鉄乗入れ用に、最初から1435mmゲージ対応で登場した。
◎モハ3051　柴又～京成金町　1964(昭和39)年9月12日

京成電鉄　千葉線

京成電気軌道は船橋まで延伸後、成田よりも先に県都千葉への延伸を決め、船橋〜千葉間を1921（大正10）年に開業させた。当初の千葉駅は当時の中心部に近い今の中央公園付近にあったが、1958（昭和33）年2月に千葉市戦災復興計画に基づき、国鉄千葉駅の移転と房総東線（外房線）のルート変更とあわせて、旧・国鉄の本千葉駅跡に移転している。

京成千葉

千葉市戦災復興計画で国鉄千葉駅が移転し、京成線は新設される駅前広場を横断するような形になってしまったので、同じく移設される房総東線（現・外房線）の海側へ線路が移されることになり、房総東線の本千葉駅が南へ移転したので跡地に京成千葉駅を設けた。駅舎は橋上4階地下1階建て、モダンな曲線を描いたガラス張りで、当時県内唯一のエスカレーターを備え、映画館・デパート・名店街・レストランなどが入店していた。

1967（昭和42）年に高架化、国鉄分割民営化の1987（昭和62）年に、国鉄千葉駅前駅の改称に伴い京成千葉の名前を譲り、千葉中央駅に改称される。京成千葉駅ビルも1999（平成11）年に閉館し、新しいビルに建て替えられた。電車は1941（昭和16）年に登場した2ドアクロスシートの1500形、当初は制御車だったが1951（昭和26）年に1501と1503が電装し4両とも室内を改装し塗装も変更、特急用として整備された。1953（昭和28）年に1600形が登場すると主役を譲り、急行や臨時特急で使われたが、1954（昭和29）年に1600形に続いてTVが設置された。1955（昭和30）年に津田沼車庫の火災で2両を焼失したので半鋼製の車体を新製し載せ替え引き続き使用されたが、1963（昭和38）年に3150形のセミクロスシート車が登場し一般車に格下げされた。「金波」は千葉線の不定期急行、他に「銀波」「潮風」「谷津」などの名前があった。

◎モハ1503　京成千葉　1959（昭和34）年8月22日

京成電鉄の車両アルバム

　ヒギンズさんが撮られた京成電鉄の車両は、新京成電鉄へ移籍したものを含めて、1925（大正14）年製造のモハ39形から1972（昭和47）年の3500形・AE車まで、ほとんどの形式を撮られていた。アルバムで紹介していない形式は、39形118〜119ページ、45形120〜121ページ上、126形124〜125ページ、300形135ページ、500形120〜121ページ下、600形132〜133ページ下、700形138〜139ページ下、1500形96〜97ページ、2000形76〜77ページ上、モニ5形83ページに掲載。

モハ100形

100形は1926（大正15）年に成田延長を控えて雨宮製作所で25両が製造された。従来の架線電圧600Vに対して津田沼〜成田花咲町間は1200Vを採用したので複電圧車となり、全線が1200Vになるまではパンタグラフを2つ装備していた。火災や戦災に遭った車はその都度新しい半鋼製車体を作り更新されたが、1953（昭和28）年より京成タイプの左右非対称のドア配置の車体へ載せ替え更新が始まり、初期に改造されたモハ104、101、118、123は半鋼製車体で、1956（昭和31）年更新車から全鋼製車体になり、1958（昭和33）年から更新された車両は、写真のような屋根肩に通風機を持つ独特なスタイルとなった。同時期に更新されたクハ2000形と組み運転されたが、1963（昭和38）年から新京成電鉄への移籍が始まり、25両全車が移籍した。新京成電鉄では1973（昭和48）年から更新工事を行い、再末期には8両編成を組んで、1987（昭和62）年夏まで約60年間使われた。◎モハ110　青砥　1964（昭和39）年9月12日

モハ200形

1931（昭和6）年の日暮里線開業時にモハ200形モハ200〜209の10両が汽車会社で製造、翌1932（昭和7）年にモハ210形モハ210〜219の10両が同じく汽車会社で増備される。新たな設計になった半鋼製車体は、1D5D5D3の左右非対称の京成独特の窓配置で、車内の混雑分散と相対式ホームが多かった京成では、無人駅で運転席後ろが客室ドアで、運転手が切符の回収がしやすいため採用されている。
車掌台は後位側客室ドア後ろの窓部分で、200形から自動扉が採用され、ドアスイッチは「此の戸」「他の戸」のがあり、此の戸ですぐ前のドアを開けて安全確認のち他の扉を扱った。モーター端子電圧600Vで90kwの当時としては大出力のモーターを装備し、新聞には「時速120キロ」と報じられたが、当時の認可速度や線路状態ではそこまで早く走る必要もなく、また弱め界磁を使用すると消費電力が増すので、戦前は弱め界磁を使用していなかった。
モハ210形は空制装置が三菱製から芝浦製に変わった。モハ205は1940（昭和15）年に津田沼車庫で火災で被災し、クハ500を予備品で電装しモハ205として2復旧（焼けたモハ205は、2代目クハ500で復旧）、でもまた1947（昭和22）年の高砂車庫火災でもモハ205は被災し、応急復旧のあと1954（昭和29）年に大榮車輌で新製の半鋼製車体に載せ替えを行っている。モハ210は千葉で戦災を受け1948（昭和23）年に63形の切妻車体を新製し復旧。異端車となったが後に行商電車になり本来の200形グループから離れていく。1954年から特修工事が行われ、外板張替え、全室運転台化、乗務員扉新設、貫通幌取付、放送設備取付が行われている。
◎モハ207　京成八幡〜鬼越　1957（昭和32）年6月4日

モハ200形は1965（昭和40）年から全金属車体に載せ替え更新が始まる。100形とは異なり、d1D4D4D2のクハ2100形と同じ左右対称のスタイルとなった。1978（昭和53）年にモハ209を除いて新京成電鉄へ移籍、一部は1990（平成2）年まで活躍している。

モハ210形は、千葉で戦災を受けたモハ210以外は1967（昭和42）年の車体更新の際に中間車化と併せて足回りを新造し新性能化され、同じく更新済のクハ2100形と組んで4両編成を組み、青電の最後まで使用された。写真は高砂方に設けられた仮駅時代の青砥駅。踏切は高砂橋に続く道で、カーブした先で中川を渡る。
◎モハ200　青砥　1975（昭和50）年5月10日

モハ750形

700形モハ704+クハ2203は、軽量車体にカルダン駆動を持った新性能電車の試作的な意味合いが強かったが、1954（昭和29）年12月に登場したモハ750形5両とクハ2250形3両は、新性能電車としての量産車となり、翌年モハ5両にクハ2両、1957（昭和32）年にクハが5両製造され、モハ+クハ+クハ+モハの4両編成5本となった。

乗務員ドアの客室ドアが来るのは京成タイプと一緒だが、ドア配置はdD4D4D1と左右対称とされた。クハは写真のように先頭に立つことも可能だが、中間に入ることを前提として切妻となっている。初期の新性能電車で軽量車体の傷みや故障も多く、また特殊な部品も多かったのと、乗務員室のすぐ後ろに来る客室ドアは、両側に人が流れず混雑することもあって特別修繕の対象からも外れ、1973（昭和48）年に廃車となった。

◎モハ750形　京成八幡〜鬼越
1957（昭和32）年6月4日

クハ2100形

クハ2100形は1952（昭和27）年と翌年に11両が製造された制御車。半鋼製車体ながら半流線形の前面にノーシルノーヘッダー張り上げ屋根、ドア配置もd1D4D4D2と国電に似たタイプとなった。初期の車は電装化準備がされていたが、専ら旧型車の増結車として使われ、最後の2両（2110、2111）は700形とペアを組んだ。
1962（昭和37）年から全金属車体化する特別修繕が行われ、210形が車体更新で新性能車化されるとそれの制御車に抜擢される。1971（昭和46）年にシールドビーム2灯化、先頭の幌撤去が行われる。末期はファイアーオレンジにモーンアイボリー帯に塗り替えられるが、3000形以降の赤電と比べて走行性能が劣るため、金町線や千葉線を主にした特別運用で使われた。
青電はオリーブ色濃淡でツートンカラーだが、色の濃さは時期によって多少異なる。
◎クハ2107　京成大久保　1975（昭和50）年5月10日

3000形は改軌前の登場なのでオリーブ色濃淡の青電塗
装で登場している。車番は成田←3001・3002→上野で
2両ユニットを奇数+偶然で7ユニット14両が製造さ
れた。屋根は2段屋根とされ通風装置に三菱電機のファ
ンデリアを装備、幌は名鉄5200系に続き、埋め込み型の
ものが採用されている。
◎3000形　京成関屋～堀切菖蒲園
1959（昭和34）年6月13日

3000形

都営地下鉄１号線乗入れ用に、東京都・京浜急行・京成電鉄３社乗入れ協定の規格に則って製造された。今までの京成車より一回り大きい18m級車体に、２両で１ユニットとした全電動車方式、ドア配置はd1D3D3D2の左右対照型。そして３社乗入れのため1435mmゲージに改軌しなけらばならないが、3000形は1372mmゲージで登場している
◎モハ3008　押上～京成曳舟
1960（昭和35）年12月26日

3050形

3050形は3000形の増備車だが、当初より1435mmゲージ対応で、ファイヤーオレンジにクリーム、ステンレスで縁取りしたグレーの帯を纏って登場。改軌工事前に千葉、成田、津田沼に待機し、1959（昭和34）年10月9日終電後、京成千葉〜京成幕張間が改軌され、翌朝から新車3050形の運転が始まった。

改軌工事は全線を11区間12工程で12月2日までかけて実施され、順次新車を投入しながら在来車を津田沼と高砂（最後は日暮里）に送り、台車を交換して次の改軌区間に備える工事を行った。3050形は13編成26両が製造され、青電だった3000形も地下鉄乗入れ前に同じ塗装になったが、3050形は小型のシールドビームになったのが外観上の変更点。

◎モハ3074　柴又〜京成金町
1964（昭和39）年9月12日

3100形

3100形は1960（昭和35）年11月、地下鉄1号線押上～浅草橋間開業直前に8編成16両が登場。シールドビーム2灯になり、急行表示灯は尾灯共用の切替式に、運行番号表示部は正面窓内に組み込まれた。

翌1961（昭和36）年11月からは台車を空気バネにした3121～3136の8編成16両が登場、仕様が変わったためか形式は同じながら番号に欠番を設け21～で付番している。

1963（昭和38）年2月からは4両固定編成とした3150形が増備される。車号は編成で通しで、成田方から3151＋3152＋3153＋3154の編成を組み、計11編成44両が登場した。最終の3191～の編成はセミクロス仕様となり、代わりに1500形が一般車に格下げされている。

◎モハ3112　四ツ木～荒川　1962（昭和37）年6月30日

3200形

1964（昭和39）年11月からはモデルチェンジした3200形へ移行する、外観上は1300㎜幅両開き客室ドアに変更、曲面で構成されていた正面を、工作が容易な二つ折り構造へ変更、今までは主機車Ｍ１と補機車Ｍ２のユニットを組み合わせ、Ｍ１Ｍ２＋Ｍ１Ｍ２で編成を組んでいたが、踏切事故時に主要機器の破損を防ぐため、主機車を中間に入れてＭ２Ｍ１＋Ｍ１Ｍ２の編成に変更した。そのためパンタグラフが１両おきだったのか、１両目と４両目に装備される。
3221～の編成は社内で６Ｍ車と呼ばれる先頭台車を付随台車にして、代わりに他の３つの台車６個のモーター出力を上げて、編成単位では同じ出力となるようにしたもの。これも踏切事故対策で行われている。最後の3291～の４両２編成はセミクロスシート仕様で登場し、かわりに1600形が格下げされている。
3300形は形式は変わったが、実質的に3200形の増備車、1969（昭和44）年の3317～は台車が金属バネに戻り、正面シールドビーム２灯間に方向幕を設置、これは赤電全車へ及ぶことになる。最終的に赤電は1971（昭和46）年までに258両が製造された。
◎モハ3213　京成大久保　1975（昭和50）年５月10日

3500形

1972（昭和47）年の増備車からはモデルチェンジされ、セミステンレス鋼体となり、工程の簡略化のため角ばった形状、窓枠埋め込み型のユニット窓になり、冷房装置が取り付けられた。京成の冷房車はAE車の方が先の登場であるが、成田空港の開港が遅れたため、3500形の方が先に営業運転を開始している。
見た目は大きく変わったが、電装品は3300形と同じで、ただ台車は軸バネ式コイルバネからＳミンデン式空気バネに変わっている。1996（平成８）年から大規模な更新工事が行われ外観が変わっている。写真の3545は1996年に更新されるが、その後は腐食が進み更新費用が嵩むので代替新造に計画が変更され、最後の更新出場車となった。
◎モハ3545　京成大久保　1975（昭和50）年５月10日

1600形

1953(昭和28)年5月に、当時国鉄の特別2等車にしか採用されていなかったリクライニングシートを私鉄車両で初めて装備し、車内櫛桁部分にテレビジョンを日本で初めて搭載した。京成で唯一の湘南タイプの2枚窓に飾り羽根つき電照ヘッドマークを持ち、当初は2両編成、1958(昭和33)年に売店付き中間車が増備されて3両編成となった。1編成しか作られないので、検査時や増発は1500形が担当した。

特急運用は「開運」号1往復だが、テレビジョンは正力松太郎氏の縁で日本テレビの協力のもと装備されたが、放送開始当時は朝晩のみの放送で日中は休止しており、開運号ではテレビジョンは見られなかった。しかし夕方に運転された納涼急行の京成千葉行きでは、当時圧倒的な人気だったプロレス中継が放送されて好評だった。

1967(昭和42)年にセミクロスシート片開ドアの3200形3291～の4両2編成が増備されると一般車格下げと同時に車体載せ替え更新が行われ、中間車は青電のクハ1603へ、先頭車は帝国車輌でアルミ車体を新造し更新、700形モハ704+クハ2203の間に挟まれて使用された。末期は3両編成となり行商電車に指定されている。

◎モハ1601　日暮里　1961(昭和36)年5月27日

AE車

当初1972（昭和47）年秋の開港を目指していた新東京国際空港（現・成田国際空港、以下成田空港とする）への鉄道アクセスとして、京成成田〜成田空港間の7.1kmの新線を建設、京成上野駅も休止して改築工事を行い、京成上野〜成田空港間ノンストップ60分の特急「スカイライナー」として登場、するはずだった。しかし空港反対派の活動により開港は大幅に遅れ、完成した新線の営業も出来ず、AE車も留置する羽目になった。ようやく1973（昭和48）年年末から京成上野〜京成成田間で1往復の運転が「特急」として開始され、1974（昭和49）年12月のダイヤ改正から3往復に増発、愛称の「スカイライナー」も使われるようになった。

その後1978（昭和53）年に成田空港は開港するが、過激派の犯行により焼き討ちの被害に遭いAE29が廃車になり代替新造されている。車号は将来の10両編成化に備えて成田方からAE1〜AE10で、次の編成はAE11〜になり、1978年までに7編成が作られた。当初は6両編成のため、末尾4〜7は欠番となっている。

しかし成田空港駅は空港ターミナルビルから離れておりバス連絡という不便さで利用者数は低迷。国鉄の分割民営化で成田新幹線の計画が無くなり1991（平成3）年にターミナル直下の地下駅にJR線と共に乗り入れることになり、前年に8両編成化。新車のAE100形を2編成新造し、捻出された12両のうち10両が中間に挟まれ8両編成5本に組み替えられるが、1993（平成5）年にAE100形と交代し、一般車の3400形に改造された。

◎AE10　青砥　1975（昭和50）年5月10日

とうきょうとこうつうきょく　いちごうせん（あさくさせん）

東京都交通局　1号線（浅草線）

戦時中に地下鉄建設をめぐって設立された帝都高速度交通営団だったが、戦後大手私鉄各社が路線免許申請を出してきた。また、東京都当局の地下鉄建設に対する希望は強いものがあり、これに関して関係省庁で調整され、一部を東京都に譲渡する運びとなった。1957（昭和32）年の建設省告示により都市

計画第1号線は（馬込東〜新橋〜浅草橋〜押上）のルートに決まり、丸ノ内線に続いて日比谷線の工事が始まり余力の少ない営団に代わり東京都が建設運行することに決まり、大手私鉄各社は地下鉄相互乗入れすることで都心への乗入を果たした。都市計画の1号線になった理由は、当時都心から西方向の終

点が東京湾に近い方から時計回りに番号をふったため。1960（昭和35）年に押上〜浅草橋間を最初に開業区間を伸ばすが、大門から先は6号線の建設問題との調整で工事が遅れ、1968（昭和43）年に全通、京成〜都営〜京急の間で相互直通運転が開始される。

ラインカラーは「赤」だったが、これは丸ノ内線に譲り1970（昭和45）年から「ローズピンク」となる。

また1978（昭和53）年の都営新宿線開業前に路線名が1号線から浅草線に改められた。

1960（昭和35）年に登場した5000形は1号線乗入れ規格に則るが、客室ドアは両開き1300㎜幅とされ、全電動車はMMユニットで、車号の奇数・偶然で編成を組んだ。京成側の相互乗り入れ区間は東中山までだったが、本線の接続する青砥止まりも多かった。青砥駅では方向別ホームに改良されているのでホームでの折返しは出来ず、高砂方の引上げ線に入って折り返した。ホームの延伸工事中の横を折返し電車が引上げ線に向かう。青砥駅は本線同士の平面交差と、環状7号線の交差問題もあり、1973（昭和48）年から高架工事が始まり、駅部分の基礎工事のため引上げ線部分に仮駅が設けられた。◎5007　青砥　1960（昭和35）年12月26日

浅草橋駅は島式ホームの押上方に引上線と渡り線を有し、全通時には泉岳寺方からは引上線を使って折返し運転が、押上方からは渡り線を使って北行きホームに進入し折返しができる構造で設計されたが、人形町開通までの間は引上線の先を北行き線につなぎ、南行きホームからも押上方向へ折返し運転が出来る構造で作られた。人形町までの建設工事中の1962（昭和37）年3月9日久松町工区の小川橋付近で陥没事故が発生し、復旧工事で建設が遅れるため、1962（昭和37）年5月31日に、浅草橋〜東日本橋間が先行開業することになる。しかし東日本橋駅は折返し設備を持たない構造だったため、浅草橋〜東日本橋間は北行き線を使った単線運転が行われた。当然単線では運転本数を確保できないため、早朝深夜を除く半数の電車と、この年から運転が始まった京成千葉や京成成田への臨時電車は浅草橋始発となった。1962（昭和37）年9月30日の東日本橋〜人形町間開通で全線複線化され、浅草橋駅の引上げ線も本設状態に直された。写真の電車は浅草橋折返しで、押上方面へ出発待ち。◎5011　浅草橋　1962（昭和37）年6月30日

12月5日に都営地下鉄1号線の押上～浅草橋間が開通しているが、駒形橋側の出入口と営団線への連絡通路は開業後に施工されたため、都電が走る江戸通りともまだ工事中。駅本体は駒形橋西詰交差点から銀座線の構造部を避ける形で隅田川沿いにケーソン工法で構築された。交差点北側の浅草材木町は1925（大正14）年に京成電気軌道が押上線の浅草延長で終点に求めた場所。翌年取り下げ、浅草花川戸への延長に申請しなおしている。
◎浅草　1960（昭和35）年12月26日

京浜急行電鉄、京成電鉄の切符

 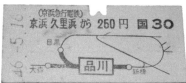 

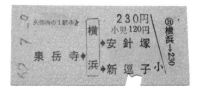  

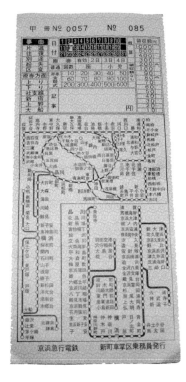  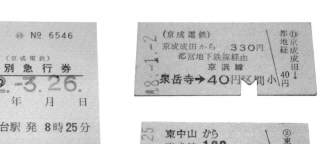

第3章

新京成電鉄

ヒギンスさんの写真から新京成電鉄を紹介

新京成電鉄の沿線から

北総開発鉄道

しんけいせいでんてつ　しんけいせいせん

新京成電鉄 新京成線

戦前の北総台地には鉄道聯隊が置かれ、稲作に不向きな台地に津田沼から千葉と松戸へ演習線が敷かれていた。戦後は連合軍総司令部（GHQ）の管理下に置かれたが、この演習線と鉄道聯隊の資材の払下げをめぐり京成電鉄と西武農業鉄道の競願となった。交渉の結果、1946（昭和21）年8月に資材は西武、演習線は京成に払下げが決まり、同年10月に新京成電鉄が設立された。しかし線路敷設の用地と権利は手に入れたものの、現地に残されたレールや枕木分も見返り分として西武に渡したので、戦後の物資不足のなか苦しい建設となった。

1947（昭和22）年に新津田沼〜薬園台を皮切りに、資材と資金に窮しながらも滝不動、鎌ヶ谷大仏と延長し、京成津田沼乗入れのため、全線を1372mmゲージへの改軌も行いながら、1955（昭和30）年に松戸までの全線が開業した。

京成津田沼

1953（昭和28）年11月1日に開業した京成津田沼〜（二代目）新津田沼間は、京成電鉄が払下げを受けた鉄道聯隊材料廠跡に建設した京成電鉄第二工場への京成津田沼駅構外側線を建設してもらい、新京成電鉄は前原駅から直進して構外側線と接する位置に新津田沼駅を移転、構外側線を新京成電鉄が借り受け営業線とし、京成津田沼駅乗り入れを果たした。当初は5番線は無く、3・4番線の千葉線ホームに発着し、1955（昭和30）年4月21日の松戸開業時から、京成千葉駅への相互乗り入れが1日4往復設定された。しかし同年8月末で廃止されている。その後1962（昭和37）年夏から6シーズン海水浴臨時電車が日曜日に1往復運転される。本格的な運転再開は2006（平成18）年に入ってから。京成津田沼駅で折返し電車の錯綜を防ぐため、1957（昭和32）年に5番線を使用開始している。なお1,067mmゲージで開業した新京成線なのでは、乗入れ前の1953（昭和28）年に1372mmゲージへの改軌を実施している。
電車は新京成電鉄開業時に移籍してきた39形モハ41、1925（大正14）年に雨宮製作所で作られた、二段屋根を持つ木造車。
◎モハ41　京成津田沼
1960（昭和35）年2月13日

京成津田沼〜
新津田沼

京成津田沼駅を出て掘割を抜けて、総武線乗り越し跨線橋に向かう途中の位置、総武線は左側建物の背後に走っているが、掘割になっているので確認ができない。戦前は軍用鉄道が跨線橋からほぼ真っ直ぐ、ちょうど右手に人が居る付近に伸びており、折返し写真左手、国鉄津田沼駅の南にあった鉄道第二聯隊に線路が続いていた。電車は木造丸屋根なので45形。
◎モハ45形　京成津田沼〜新津田沼
1957（昭和32）年6月4日

四代目新津田沼駅の京成津田沼駅方、左端に出発信号機が見えている。カーブの先にある国鉄線乗り越し跨線橋から先は単線区間のため、運転本数が多い朝のラッシュ時は新津田沼駅止めの電車があり、折り返し運転用の両渡り線が見えている。この区間は千葉工業高校の跡地に京成津田沼駅から三代目の新津田沼駅へ結ぶために線路を移設した区間で、大きなＳ字カーブを描く線形となっている。

また、左側は京成電鉄の京成電鉄第二工場で、高校跡地より北側を工場拡張用地として京成電鉄へ売却している。工場は1981（昭和56）年に宗吾車両基地へ移転し、跡地は更地ののち、駐車場やテニスコートとスキーイングイン津田沼（屋内スキー場）になっていたが、2003（平成15）年にイオン津田沼ショッピングセンターがオープンしている。

電車は500形モハ502、出自は1934（昭和9）年に製造された200形の制御車500形で、1944（昭和19）年以降に500〜503が電装された。1959（昭和34）年の改軌の際に新品の台車をもらい、1966（昭和41）年に全金属車体に載せ替えを行っている。1974（昭和49）年に新京成電鉄に移籍。2両目は京成時代に全金属車体に更新された2000形、側面埋め込み型通風器が特徴。

◎モハ502　新津田沼　1975（昭和50）年5月7日

新津田沼

1968（昭和43）年 5 月15日に、千葉工業高校跡地に移転してきた四代目の新津田沼駅。国鉄の駅からは200mほど遠くなったが、前原駅での方向別分離運転を廃止し、将来に備え 8 両編成対応のホームが完成した。駅舎は国鉄津田沼駅側の地平にあり、1 番線とは地下通路で連絡している。1977（昭和52）年に津田沼12番街ビルが完成しイトーヨーカ堂が入店。同時に橋上駅舎化され、地下通路は廃止されている。続けて道路の向かいに津田沼14番街ビルが落成、こちらは丸井が入店し、12番街ビルとは連絡橋で結ばれている。電車は250形モハ251、今まで車両増備は京成電鉄の中古車に頼ってき

たが、京成電鉄からの譲渡を受けるのが難しく、1970（昭和45）東急車輌で車体を新造し、足回りはカルダン駆動化で不要になった京成210形のものを組み合わせて出来たセミ新車。モハ250形2両とサハ550形2両で4両編成を組んだ。車体は片側1200mmのドアを採用したため、運転台後ろの側窓が無くなっている。
◎モハ251　新津田沼　1975（昭和50）年5月7日

新津田沼
（移転前）

新津田沼駅の変遷は複雑だか、開業時の
1947（昭和22）年12月27日から1953（昭和28）
年10月31日までと三代目にあたる1961（昭
和36）年8月23日から1968（昭和43）年5月
14日までは、国鉄津田沼駅に近い現在の前
原8号踏切の北側にあった。左側のホーム
が開業時からのもので、電車が留置して
ある線はこの先鉄道聯隊材料廠の跡地にで
きた京成電鉄第二工場と、大榮車両につな
がっている。

初代の新津田沼駅は軍用鐡道の跡地で国鉄
津田沼駅に近い所に駅を求めたが、1953（昭
和28）年の京成津田沼駅乗入れで、前原駅か
ら国鉄乗り越し跨線橋までの直線線路を設
け、現在のさくら公園北側になる位置へ新
津田沼駅が移転される。

1961（昭和36）年に高根公団の建設誘致のか
わりに、国鉄津田沼駅に近い所に駅の設置
を求められ、当初開業区間の新津田沼〜前
原間を復活、二代目の新津田沼駅は藤崎台
駅と改称し、前原駅で新津田沼駅方面と京
成津田沼駅方面を連絡するように改められ
た。しかしホームがカーブしているうえ、
5両分しか長さも確保できなかったのと、
前原駅で方向別に運転を分離するのは効率
も悪かった。

同じく鉄道第二聯隊の跡地に出来ていた千
葉工業高校が生実町に移転するので、この
用地と先の大榮車輌の用地を取得し、線路
と新津田沼駅を用地中央に移設、現在の新
京成線新津田沼駅が1968（昭和43）年に出来
上がった。線路より南側は土地区画整理事
業に編入し、北側は京成電鉄に売却し京成
電鉄第二工場の拡張用地とされた。

電車は126形のモハ127、成田開業後に増備
された制御車を電装したもの、1959（昭和
34）年に新京成電鉄に移籍している。留置
してある線は改軌前の1067mmゲージのレー
ルが残っている。もちろん他とはつながっ
ていない。

◎モハ127　新津田沼
1963（昭和38）年2月13日

127

新津田沼

薬園台

1947(昭和22)年12月27日の新京成電鉄最初の開業区間、新津田沼〜薬園台間2.5kmは、戦後の初めての新設鉄道でもあった。しかし開業直前にGHQからクレームがつき開業が一時延期になりかけたが、関係者の説得で予定通り開業している。

地方鉄道法の規定で京成電鉄と同じ1372mmゲージでの新設鉄道は認められないため1067mmゲージを採用して、京成からの電車2両を改軌して使用された。まだ単線運転のため票券閉塞式だが、この年の10月26日には前原〜高根公団間の複線化が完了する。写真では見えていないが右側に駅舎がある。

◎モハ45　薬園台　1963(昭和38)年10月12日

薬園台〜習志野

習志野駅のすぐ南側付近、1963(昭和38)年に全金属車体に載せ替えを行った45形が京成津田沼に向かう。新京成電鉄開業時から輸送を担ってきた39形モハ41、45形モハ48と、滝不動延長時に来たモハ45と47の4両だったが、大榮車輌で更新工事と同時に2両固定編成化が行われている。

これはモーター特性の悪さから並列段の使用が禁止されたため脚が遅く、他の電車と同じように走れないため、2両で3個モーターとして特性が悪くならない範囲でモーター端子電圧をあげて走行性能を改善する必要があったため。

更新後モハ41はモハ46に改番され45形に仲間入り、45+46、47+48で編成を組んだ。末期は同じように更新された300形と6両編成も組んだが、1975(昭和50)年で休車、数年後に廃車されている。

◎モハ47　薬園台〜習志野　1963(昭和38)年10月12日

習志野

習志野駅は1948（昭和23）年8月26日に薬園台～滝不動間が開業したあとの10月8日に設けられた。駅舎は新京成電鉄でワンマンボックス形と呼ばれるタイプで、松戸新田、みのり台、鎌ヶ谷大仏、習志野、前原駅に設置されていた。事務室の広さは1畳ほど、ここに乗車券箱、電熱器、携帯式鉄道電話と、勤務者が座る回転椅子があり、朝8時から終電まで勤務で終電に乗り宿泊設備のある駅へ、翌朝は始発電車で駅に戻り、8時に反対番の人に交代する勤務だった。

電車はモハ118、1926（大正15）年に京成線成田延長の際に25両用意された100形で、戦災を受け応急復旧を受けていたが、1955（昭和30）年に半鋼製車体を新製して載せ替えている。この年の2月に新京成電鉄に移籍しているが、まだ京成電鉄色のまま使われている。次ページからの写真は習志野駅構内の複線化工事の様子。線路上の物の移動は、鉄道聯隊の九七式軽貨車の台車部分を利用している。新京成電鉄へは10両分（20台車）を払い下げたといわれており、建設時から改軌をしながら使われている。
◎モハ118　習志野　1963（昭和38）年10月12日

複線化工事

新京成電鉄の複線化工事は1961（昭和36）年の松戸〜八柱間に始まり、1962（昭和37）年に八柱〜五香、1963（昭和38）年に前原〜高根公団、1964（昭和39）年に高根公団〜鎌ヶ谷大仏、1965（昭和40）年に五香〜くぬぎ山、1968（昭和43）年に新津田沼〜前原、そして1975（昭和50）年に鎌ヶ谷大仏〜くぬぎ山間が複線化され、新津田沼〜松戸間の複線化が終了した。作業内容は、上の写真がバラストと古枕木運搬、下の写真はバラストの突き固め、次ページはトロリ線の張架。複線化にあわせて自動信号機化されるが、まだ使用開始前なので信号機は横を向いている。
◎習志野付近　1963（昭和38）年10月12日

鎌ヶ谷大仏

滝不動～鎌ヶ谷大仏間は1949 (昭和24) 年1月8日の開業。しかし二期工事線の松戸延長には時間がかかるため、五香までのバス路線免許を受け、その先は松戸まで運行していた京成バスの相互乗り入れで、鎌ヶ谷大仏～松戸間のバスを1月21日から運行を開始した。車庫は鎌ヶ谷大仏駅に隣接して設けたが、肝心の新車のバス3台の納車が3月になったので、急遽九十九里鉄道から進駐軍払下げのアンヒビアンバスを借受けて、新京成電鉄バスはスタートしている。

1964 (昭和39) 年に高根公団～鎌ヶ谷大仏が複線化、半数の電車は折り返しになるので、駅の習志野方に両渡り線が設けられている。電車の600形は1948 (昭和23) 年に帝国車両工場で10両製造された運輸省規格形電車。1964年までに全金属製の車体に更新され、1968 (昭和43) 年に609と610の2両が新京成に移籍している。
◎モハ609　鎌ヶ谷大仏　1975 (昭和50) 年5月7日

三咲

三咲駅は1949（昭和24）年1月8日滝不動～鎌ヶ谷大仏間開業と同時に設置。三咲は小金原開墾地の開墾順に付けられた地名で。初富・二和・三咲・豊四季・五香・六実と続き新京成線と野田線の駅名になっている。三咲駅前後の複線化は1964（昭和39）年で、単線時代は票券閉塞式で列車交換のためキャリアを車掌が窓から出している。ホームは新しいが4両編成運転のため伸ばされた。

電車の126形は1928（昭和3）年にモハ100形の制御車のクハ126形として10両製造、1936（昭和11）年にモハ20形の電装品で電動客車化、1941（昭和16）年に131～の車は電装品を1100形に譲り制御客車化。1959（昭和34）年から翌年にかけて戦災を受けず残ったモハ126～130とクハ132～133が新京成電鉄に移籍した。1963（昭和38）年から45形に引き続き全金属車体に載せ替えを行っている。

◎クハ133　三咲　1963（昭和38）年10月12日

鎌ヶ谷大仏～初富

鎌ヶ谷大仏～鎌ヶ谷初富間は1949（昭和24）年10月7日の開業。この区間までが1067mmゲージで開業し、1953（昭和28）年に1372mmゲージへ、さらに1959（昭和34）年に1435mmゲージへと、2回改軌が行われている。また鎌ヶ谷大仏～松戸間の連絡バスは鎌ヶ谷初富から変更されている。鎌ヶ谷初富駅は松戸延長前の1955（昭和30）年4月1日に初富駅に改称された。鎌ヶ谷大仏～くぬぎ山間は新津田沼～松戸間で最後の複線化区間となり1975（昭和50）年2月7日に完成。電車が走る上り線のバラストが新しい。電車の800形は1971（昭和46）年に登場した新京成電鉄の完全新車で初のカルダン駆動車。制御電動車のモハ800形と付随車サハ850形、制御車クハ850形の36両が製造され、基本4両付属2両で編成を組んだが、1975（昭和50）年11月改正後は全編成が6両編成で使われた。
◎モハ805　鎌ヶ谷大仏～初富　1975（昭和50）年5月7日

初富駅の鎌ヶ谷大仏方、カーブを抜けた先の直線区間。この日は東武野田線を鎌ヶ谷駅付近で撮影したのと一緒に新京成線もヒギンズさんは撮られたようだ。軍用鉄道時代は写真右側の先から二和向台駅手前までは、演習のため馬込沢の谷が深くなる付近まで大きく南側に迂回していたが、新京成線開業の際にショートカットする現在のルートに改められた。初富～松戸間の工事は費用の確保にも苦労したが、当時中小電化私鉄の設備建設に積極的に行っていた三菱電機が、今後も自社製品を使う条件で工事費の半額を長期分割することで工事を請け負って頂けたので、建設工事を行うことができた。この時大量の建設資材を輸送するために鎌ヶ谷駅からこの写真の付近に1067mmゲージの仮設線を敷設し、小湊鉄道から借り受けた蒸気機関車で輸送を行っていた。土木工事完了は京成津田沼駅乗入れ後のため本線は既に1372mmゲージに改軌を行っており、初富～松戸間も工事線を改軌して開業している。
◎モハ303　鎌ヶ谷大仏～初富　1958（昭和33）年8月16日

上本郷〜松戸

右手奥に鉄橋が見えるが、1961（昭和36）年に開通する国道6号線松戸バイパスのアンダークロス。将来の複線化を見据えて、築堤は複線分の路盤が用意されている。現在は区画整理事業で国道の高さまで丘は削られて住宅地となり、新京成電鉄線はずっと築堤を走っている感じになる。

上本郷駅から先の軍用鉄道は相模台の工兵学校（現在は聖徳大学）と、陣ケ峰から西に向かい、江戸川沿いの下矢切へ向かっていたので、上本郷〜松戸間は新京成電鉄によって新たに線路が敷かれた区間。

ここには小根本地区と市役所のある位置に小高い山があり、その間は谷で土工の多い区間で、当初から複線分の敷地を用意し工事の手戻りの無いようにしたが、谷を埋めて築堤を造成しても大量の残土が出た。幸い1954（昭和29）年に公布された土地区画整理法を松戸市は積極的に活用しており、駅の西側江戸川に近い所の干潟土地区画整理から残土受け入れの申し出があり、この工事を新京成電鉄が請け負い、残土の処理で造成を行い、工事費の代償で造成地を取得、これを親会社の京成電鉄不動産部で宅地販売している。

◎モハ306　上本郷〜松戸　1960（昭和35）年2月13日

松戸新田〜上本郷

初富〜松戸間は1955（昭和30）年4月21日に開業し、新京成線は全通した。松戸新田〜上本郷間は営業キロで0.7kmと近いが、その間に曲線でほぼ90°方向を変える、その中間地点での撮影。

この付近は区画整理事業が始まっているが、土砂の運搬はトロッコに由っている。トロッコの線路の先、右端の住宅背後の道が軍用鉄道時代の線路跡で、稔台にあった廠舎を経由してみのり台駅の八柱方で新京成電鉄線に合流するが、この区間は急カーブを避けるため、別線新線で開業している。踏切は現存していないが、左側に見える家屋は増改築されて現在もあるようだ。

電車は300形モハ303、1938（昭和13）年に木造車の33形全車6両と39形モハ40と43を半鋼製車体に載せ替えたもの。新京成線松戸開業にあわせ京成電鉄から8両全部が移籍した。車体に載せ替えた時、200形同様京成タイプと呼ばれる左右非対称の1D7D4の窓配置になっている。14m級の小型車なので京成時代は主に金町線で使われていた。その後1966（昭和41）年に大榮車両で全金属車体に更新され、1978（昭和53）年まで活躍している。

◎モハ303　松戸新田〜上本郷
1960（昭和35）年2月13日

松戸

松戸駅は国鉄駅の東側にあった軍用ホームと貨物側線にホームを設置して乗入れた。それにあわせて国鉄の跨線橋が延長され松戸駅東口を設置している。常磐線が複々線化される1971（昭和46）年に橋上駅舎化、1991（平成3）年に改札分離・中間ラッチ設置までは国鉄（JR）と改札内は共用であった。また新京成電鉄開業にあわせて松戸市の方で駅東口広場の整備も行われた。

写真のモハ700形は1954（昭和29）年製でノーシルノーヘッダー張り上げ屋根の車体を持つが、釣り掛け駆動の半鋼製車と、高性能電車登場前の過渡期の車両。モハ701〜704と同形のクハ2200形2201〜2204が作られたが、高張力鋼を用いた全金属車体の試作車モハ704とクハ2203は足回りを交換され新性能車化、余った電装品でクハ2204が電装されモハ706となった。

1962（昭和37）年から車体の全金属化と4両固定編成化が行われ、不足する2両はクハ2100形の2110と2111が組み込まれた。1975（昭和50）年に新京成電鉄に移籍するが、700形はDK型の多段式の制御器を持ち、他の形式とは連結運転が出来なかったため、同社は6両編成で使うため、702+2201+701、706+2111+703の3両2編成とし、余剰車は廃車された。

◎モハ706　松戸　1975（昭和50）年5月7日

上本郷～松戸

現在線路沿いに「国土交通省 首都国道事務所」の看板
がある位置が、写真の跨線橋の左側へ渡った所になる。
切り通しになっていた丘は崩され低地へ運ばれる区画
整理事業が始まる直前の姿になる。跨線橋の向こうに
「55/160」の標識が見えるが、半径160m速度55km/hの
制限標識。現在は60km/h制限になったが、曲線は現在
も変わらずR160のまま。カーブを抜けると前ページの
築堤に出る。
◎モハ307　上本郷～松戸　1960（昭和35）年2月13日

ほくそうかいはつてつどう

北総開発鉄道

北総開発鉄道は、1966（昭和41）年に事業計画制定され1970（昭和45）年から造成が始まった千葉ニュータウン西側のアクセス鉄道として京成電鉄が主体になって設立された。しかし当時の京成電鉄は成田空港延長問題で経営は芳しくなく、千葉ニュータウンの事業主体の千葉県と宅地開発公団のほか地

五香

元自治体、銀行も出資し第三セクター会社となった。
　鉄道線は1972（昭和47）年の都市交通審議会答申第15号2本の東京都心直結ルートの一つで、「地下鉄1号線（都営地下鉄浅草線）を延伸し、京成高砂駅で京成線より分岐し、松戸・市川両市境を東進、鎌ケ谷市初富を経て千葉ニュータウン小室地区に至る路線」とされたが、ニュータウン事業計画の縮小で都心直通は先送りされ、途中の北初富～小室間と、北初富から新京成電鉄へ乗入れ松戸へ出るルートで1979（昭和54）年に開業した。

7000形は開業時に北総開発鉄道が用意した電車で、1号線乗入規格の18m級3扉のスキンステンレス車体で界磁チョッパ制御を有する。先頭車が7000番台中間車が7100番台で6両編成3本が作られた。特徴のあるΣ型の正面は下方視界の確保するためで、カーブや踏切の多い新京成電鉄線内では踏切事故防止に役立ったという。また当初から冷房装置と強制換気装置を搭載し一部の窓以外は固定窓としている。1990（平成2）年に翌年の第Ⅱ期線開業・都営地下鉄乗入れに備え7200番台の中間車2両を新製し8両編成化。乗入れ後の1992（平成4）年から京浜急行電鉄の要請により先頭の制御車に中間電動車からのモーターを移設し、制御電動車に改造が行われている。
◎7003　五香　1979（昭和54）年12月26日

西白井〜白井

白井駅は千葉ニュータウンの最初の開発地域の中で、西白井・小室地区に続いて街びらきを行った。北総開発鉄道は北総台地を掘割にして建設された。駅右側の敷地は千葉県営鉄道北千葉線が建設予定で用意されていた。北千葉線は千葉ニュータウンの第二のアクセス路線として、東京都交通局新宿線が本八幡駅から新鎌ヶ谷駅を経由し小室までの区間は北総開発鉄道と並走、小室から先、現在の印旛日本医大駅までの区間を建設する予定だった。

しかし千葉ニュータウンの計画規模縮小もあり、小室から先は北総開発鉄道に接続して住宅・都市整備公団が鉄道建設を行うことになり、千葉県営鉄道としては事業凍結に、後に事業廃止となる。この区間は住宅・都市整備公団千葉ニュータウン線として1984(昭和59)年に千葉ニュータウン中央までが、1988(昭和63)年に北総開発鉄道が第二種鉄道事業社になったのち、1995(平成7)年に印西牧の原、2000(平成12)年に印旛日本医大まで開通。東京側へのアクセスは1991(平成3)年に京成高砂〜新鎌ヶ谷間が開通している。

2004(平成16)年に会社名を北総鉄道、路線名を北総線に改称し、そして2010(平成22)年に京成成田空港線(成田スカイアクセス)が開業し、空港アクセス路線の役割も持つことになった。小室から先は成田新幹線の用地も並行して確保されていたので、形を変えて実現した格好になる。

◎白井　1979(昭和54)年12月26日

開業当時の北総開発鉄道は新京成電鉄の北初富に接続する仮線を設けて松戸へ出る形で都心へのアクセスルートとしたため、新京成電鉄も乗入れてきた。1991(平成3)年に京成高砂〜新鎌ヶ谷間が開通し、都営浅草線で都心乗入れが出来るようになると、1992(平成4)年の新京成電鉄新鎌ヶ谷駅開業にあわせて北総開発鉄道と新京成電鉄との相互乗り入れは廃止され、連絡線も撤去されたが、北総線の新鎌ヶ谷駅構内の保線線路や北初富駅に隣接する北総線の高架橋に、その痕跡を見ることができる。

千葉ニュータウン内の北総線に平行する北千葉線の予定地は長い間更地であったが、北千葉道路が建設される事に決まった。

電車は118〜119ページと同じ700形の編成だが、シールドビームの2灯化、正面窓内に方向幕の設置、客室扉の小窓化、6両固定編成化で正面幌が撤去され扉も固定、松戸方の先頭はモハ706からモハ702に変わっている。

◎モハ702　西白井〜白井　1979(昭和54)年12月26日

京急電鉄・京成電鉄から車両が譲渡された地方私鉄の時刻表（昭和33年）※一部

33. 2.10 訂補　銚　子──外　川　電 連　（銚子電鉄）

545	640	710	この間	2000	2030	2120	キロ程	円	発銚　子回着	541	631	701	この間	2021	2051		仲
603	659	729	約30分	2019	2049	2138	5.6	20	〃犬　吠発	522	612	642	約30分	2002	2032	2057	町
605	701	731	毎運転	2021	2051	2140	6.4	20	着外　川発	520	610	640	毎運転	2000	2030	2055	212

33. 4.24 訂補　馬　橋──流　山　電 連　（流山電鉄）

キロ	円	馬橋回発	554	619	649	720	この間 馬橋発	747. 828. 913. 959.1038.1105	2123	2149	2215	2241	2307
3.6	15	鰭ケ崎〃発	600	625	656	727	1151.1239.1325.1349.1439.1525.1557.1638.1716	2131	2156	2222	2248	2314
5.7	20	流　山着	604	630	700	731	1754.1806.1832.1850.1919.1947.2023.2056	2134	2200	2226	2252	2318
キロ	円	流　山発	541	606	633	705	この間 流山発	734. 813. 854. 930.1013.1051	2110	2136	2202	2228	2254
2.1	15	鰭ケ崎〃発	545	610	637	709	1137.1218.1306.1336.1420.1507.1536.1620.1653	2114	2140	2206	2232	2258
5.7	20	馬橋回着	552	617	644	716	1733.1817.1903.1933.2001.2042	2121	2147	2213	2239	2305

32. 4.25 訂補　来迎寺──西長岡──寺　泊　電 連　（長岡鉄道）　下表の他不定期列車運転

711	801	この間 920.1104	1747	1933	キロ程	円	発来迎寺回着	703	754	この間 825.1015	1717	1858	1904
727	817	1320.1450.1613	1810	1950	7.6	30	着西長岡　発	647	738	1228.1355.1528	1654	1841	1841
533	616	この間 西長岡発	1840	1957	7.6	30	発西　長　岡着	643	724	この間 西長岡行	1948	2035
551	645	寺泊行1025.1520	1902	2018	16.5	70	〃脇　野　町発	623	703	寺泊発 706. 756	1930	2017
605	707	1658	1917	2032	22.4	90	〃与　板〃	610	649	1310.1652	1916	2003
614	720	寺泊新道行 740	1927	…	27.9	110	〃町　軽　井〃		639	寺泊新道発 857	1905	1954
635	735	821. 918.1129	1948	…	31.3	130	〃大河津回〃	…	632	933.1110.1243	1858	1947
643	745	1257.1443.1625	2001	…	36.1	150	〃寺泊新道〃		609	1510.1603.1750	1839	1927
650	752	1750	2012	…	39.2	160	着寺　泊発		551	1750	1831	…

🚌 長　岡回──西長岡　3.5キロ　15円　長岡発 715─2125　西長岡発 644─2114　30─60分毎運転

33. 5.20 訂補　東和歌山──貴　志　電 連　（和歌山電気軌道）

5 55	6 25	この間	21 45	22 35	キロ程	円	発東和歌山回着	5 51	6 21	この間	21 11	21 41
6 05	6 35	東和歌山発	21 55	22 45	3.7	25	〃籠　田〃	5 42	6 12	貴　志　発	21 02	21 32
6 15	6 45	30─35分毎	22 05	22 54	8.0	35	〃伊太祈曽〃	5 32	6 02	30─35分毎	20 52	21 22
6 25	6 55	運転	22 15		13.1	55	〃大池遊園〃	…	5 54	運転	20 44	21 14
6 33	7 03		22 23		14.3	65	着貴　志発		5 45		20 35	21 05

33. 3. 1 訂補　築港──琴平──志度──長尾　電 連　（高松琴平電鉄）

530	600	630	この間	2200	2230	2315	キロ程	円	発築　港回着	656	726	この間	2256	2526
535	605	635	栗林公園行	2205	2235	2320	1.7	15	〃瓦　町回発	652	722	栗林公園発	2252	2322
538	608	638	15分毎運転	2208	2238	2323	2.9	15	〃栗林公園〃	649	719	15分毎運転	2249	2319
615	645	715	琴電琴平行	2245	2315	2400	20.7	70	〃滝　宮〃	616	646	琴電琴平行	2216	2246
637	707	737	30分毎運転	2307	2337		32.9	100	着琴電琴平回発	551	621	30分毎運転	2151	2221

急行 … 築港発琴平行 558.1058.1658　琴平発築港行 818.1148.2048　所要40分

535	600	605	この間	2205	2235	2320	キロ程	円	発築回着	604	619	この間	2234	2304
540	555	610		2210	2240	2325	1.7	15	〃瓦　町回発	600	615		2230	2300
557	610	627	八栗行15分毎	2227	2257	2342	6.9	25	〃琴電屋島〃	543	558	八栗発15分毎	2213	2243
604	617	634	志度行30分毎	2234	2304	2347	8.8	30	〃八　栗〃	536	551	志度発30分毎	2206	2236
617		647		2247	2317	2402	14.6	50	着琴電志度発	520	535		2150	2220

554	549	この間	2204	2254	2319	キロ程	円	発瓦　町回着	603	この間		2303
604	617	平木行 15分毎	2234	2304	2349	10.9	50	〃平　木発	535	平木発 高松行 15分毎		2235
614		長尾行 30分毎	2244	2314	2359	14.6	60	着長　尾発	522	長尾発 高松行 30分毎		2222

33. 5. 1 訂補　伊予鉄道各線　電 連　（松山市─横河原─森松─回）

610	657	746	この間 832. 915	2200	キロ程	円	発松　山市着	647	737	825	この間 833.916	2238
615	702	751	1000─1600. 60分毎	2205	1.4	10	〃伊予立花発	643	732	821	1001─1601. 60分毎	2234
630	717	807	及び1645.1730.1815	2221	6.9	25	〃平　井〃	629	718	807	及び1646.1731.1816	2220
639	726	816	1900─2100. 60分毎	2230	10.0	30	〃田　窪〃	620	708	757	1901─2101. 60分毎	2210
649	736	826	運　転	2239	13.2	45	着横河原発	611	700	748	運　転	2201
639	728		この間 815.859.944	2130	2215	キロ程	円	発松　山市着	619	723	この間 754. 837. 921	2109	2209
644	733		1030─1630. 60分毎	2135	2220	1.4	10	〃伊予立花発	615	719	1006.1053─1553. 60	2105	2205
650	739		及び1715.1800.1845	2141	2225	3.5	15	〃石　手〃	609	713	分毎 及び 1650. 1735	2058	2158
655	744		1930.2030 運転	2145	2230	5.8	20	着森　松発	604	708	1820.1905.1935	2053	2153

初電	終電	キロ程	賃	駅　名	初電	終電	運転間隔	初電	終電	キロ程	賃	駅　名	初電	終電	間　隔
500	2209	0.0	円	発松山市　着	555	2255	約30分	500	2230	0.0	円	発松山市着	555	2332	20分～30分
517	2217	7.9	25	〃松　前発	537	2237		516	2246	6.4	25	〃三　津発	540	2318	
525	2225	11.3	40	着郡中港回発	528	2235		523	2240	9.4	35	着高浜発	532	2311	
420	2340	0.0	円	発松山回着	428	2348	6─10分	539	2324	0.0	円	発松山回着	536	2351	10─20分	城北線
438	003	4.2	13	着道　後回発	410	2330		600	2345	4.7	13	着道　後発	515	2330		
527	2302	0.0	円	発松山市着	525	2255	10分	555	2200	0.0	円	発本　町着	551	2151	15分
542	2317	3.5	13	着道　後回発	510	2240		614	2219	4.4	13	着道　後発	532	2132	

144

第4章

他社へ譲渡された
京浜急行電鉄と
京成電鉄の車両

京浜急行電鉄からの譲渡車両

・和歌山鉄道

・長岡鉄道

・流山電鉄

・伊予鉄道

・高松琴平電気鉄道

京成電鉄からの譲渡車両

・銚子電気鉄道

他社へ譲渡された
京浜急行電鉄の車両

京浜急行電鉄からの譲渡車両は、戦後すぐの東京急行電鉄時代の運輸省規格形電車導入に伴う中小私鉄への供出車のグループ（和歌山鉄道モハ500形、高松琴平電鉄15000形・60形・70形、福井鉄道モハ100形、長岡鉄道モハ3000形）、戦後生き残った木造車のグループ（高松琴平電鉄10形・90形）、デハ400形車体更新で生じた旧車体を西武所沢工場で更新したグループ（近江鉄道、弘前電気鉄道、伊予鉄道、流山電鉄）と、デハ230形以降、デハ600形（2代）、デハ700形（2代）、デハ1000形（初代）の高松琴平電鉄へ譲渡されたグループと、デハ1000形（初代）を、北総線や千葉急行（千原線）開業で北総開発鉄道へ譲渡、京成電鉄（千葉急行電鉄）にリースされたグループがある。この中からヒギンズさんの撮られた車両を紹介。なお京浜線から玉川線に転属したデワ3031（京浜デワ1009）は東京急行電鉄で紹介したので今回は割愛している。

高松琴平電気鉄道へ行った京浜電気鉄道デ34は1955（昭和30）年に台枠利用で鋼体化改造されたので昔の面影は無いが、末期は動態保存車とされて2007（平成19）年まで現役だった。◎65　井戸～公文明　1973（昭和48）年5月17日

わかやまてつどう

和歌山鉄道

　和歌山鉄道（現・和歌山電鐵）には戦後の供出車で東急厚木線（現・相模鉄道）で使われていた木造車が2両
譲渡されている。

出自は京浜電気鉄道29号形29と30で、1913（大正2）年天野工場製。1933（昭和8）年に制御客車化、大東急発足で京浜線
のクハ5220形クハ5221とクハ5222となり、厚木線転属でクハ3140形クハ3141とクハ3142となる。1948（昭和23）年に電
動車化したうえで和歌山鉄道に譲渡され、同社モハ500形モハ501とモハ502となった。1956（昭和31）年にモハ501は京
阪神急行電鉄の81形84の車体をもらい鋼体化改造を行いモハ600形モハ603になった。同じくモハ502も京阪神急行電鉄
の1形8の車体をもらい鋼体化改造されクハ800形クハ804となった。両車とも改造時に南海電鉄からのブリル27MCB2台
車に履き替えており、書類上元・京浜電気鉄道となってしまっている。
◎モハ603　山東～大池遊園　1958（昭和33）年12月27日

147

長岡鉄道

　長岡鉄道(後の越後交通長岡線)にはデハ110形を日本鉄道自動車が買い入れ、台車・台枠を利用し、新造扱いで2両が導入されている。

出自は明治期に製造された京浜電気鉄道1号形、1925(大正14)年に29号形と同型の車体に載せ替え14号形となる。大東急時代にデハ5110形になり、京浜急行電鉄発足でデハ110形となる。戦後廃車になったデハ111とデハ112を日本鉄道自動車が買い入れて、台車と台枠を用いて車体を新造し、1951(昭和26)年に新造車扱いで長岡鉄道モハ3000形、モハ3001とモハ3002として納入される。長岡鉄道は同年に直流750Vで電化されており、モハ2000形とともに主力として活躍したが、1969(昭和44)年の直流1500V昇圧改造はなされず、モハ3002は蒲原鉄道へ譲渡され1973(昭和48)年にモハ81形モハ81として竣工。モハ3001は1970(昭和45)年に廃車となった。
◎モハ3001　西長岡　1960(昭和35)年7月24日

ながれやまでんてつ

流山電鉄

　流山電鉄（現・流鉄）には、デハ400形の旧車体を西武所沢工場で整備して新車として納入された車両が、1両入線している。

出自は1947（昭和22）年、三井造船玉野製作所製の東京急行電鉄デハ5400形、京浜急行電鉄デハ400形となり、1965（昭和40）年からサハ480形への改造時に車体載せ替えで更新を行ったため、余剰の旧車体を西武所沢工場が購入、再生新車として1968（昭和43）年に流山電鉄モハ1100形モハ1101として納入された。再生にあたり両運転台化、車体外板張替え、固定窓のHゴム化され、足回りは別途調達している。
◎モハ1101　馬橋　1973（昭和48）年6月3日

伊予鉄道

伊予鉄道には、デハ400形の旧車体を西武所沢工場で整備して新車として納入された車両が、4両入線している。

◎モハ122　古町　1973（昭和48年）5月18日

出自は1947（昭和22）年、三井造船玉野製作所製の東京急行電鉄デハ5400形、京浜急行電鉄デハ400形となり、1965（昭和40）年からサハ480形への改造時に車体載せ替えで更新を行ったため、余剰の旧車体を西武所沢工場が購入、再生新車として1968（昭和43）年に伊予鉄道モハ120形モハ121～モハ123、クハ420形クハ421が納入された。再生にあたり外板の張替え、窓のアルミサッシ化、モハ122とモハ123は増結用として両運転台化、モハ122の非パンタ側とクハ421運転台側は貫通路とホロが設けられている。1973（昭和48）年頃は車体塗装の変更時期で、モハ122が旧塗装、モハ123は新塗装になっている。1989（平成元）年の700系（元・京王帝都電鉄5000系）導入で4両とも廃車になった。
◎モハ123　横河原　1973（昭和48年）5月18日

高松琴平電気鉄道

　高松琴平電気鉄道には戦後供出車で
東京急行電鉄時代に7両、京急分離後
にデハ110形から1両、クハ120形から
6両が譲渡され、その後も1976（昭和
51）年にデハ230形、1984（昭和59）年
からデハ600形（2代）、1988（昭和63）
年からデハ1000形（初代）、2002（平成
14）年からデハ700形（2代）と、多くの
車両が譲渡され、現在の琴電の主力と
なっている。

瓦町4番ホームは長尾線、左側の3番ホーム
が志度線用。志度線は瓦町駅で折り返し高松
築港駅へ運転されるが、1966（昭和41）年の志
度線昇圧までは琴平線と架線電圧が異なった
ため、高松築港〜瓦町間は琴平線と志度線が
単線並列で運転された。
◎63　瓦町　1962（昭和37）年5月21日

◎64　瓦町　1962（昭和37）年5月21日

東京急行電鉄からの戦後供出車は7両で全車1948（昭和23）年の竣工、車番の来歴は
京浜デ29形デ31→ク29形ク31→東急クハ5220形クハ5223→クハ3140形クハ3143→琴電15000形1510→70形73
京浜デ32形デ32→ク32形ク32→東急サハ5100形サハ5101→琴電70形71
京浜デ32形デ34→ク32型ク34→東急サハ5100形サハ5102→琴電70形72→60形65
京浜デ32形デ36→東急デハ5100形デハ5104→琴電60形61
京浜デ32形デ37→東急デハ5100形デハ5105→琴電60形62
京浜デ32形デ38→東急デハ5100形デハ5106→琴電60形63
京浜デ32形デ39→東急デハ5100形デハ5106→琴電60形64
15000形は琴平線、60形70形は志度・長尾線用で落成し、1955（昭和30）年に1510は志度・長尾線に移り73に改番。
また車体の老朽化で63が正面、61、64、71、73は前面と側面に鋼板を張るニセスチール化を行い、62は1953（昭和28）年
に今橋工場で台枠を拡幅して正面2枚窓の全金属車体に更新、1960（昭和35）年に残った72も正面貫通型の全金属車体
に更新、同時に電動車化され60形65となった。
ニセスチールの車は1966（昭和41）年の志度線昇圧時に廃車になったが、更新した62と65は最末期は動態保存車として
2007（平成19）年まで活躍していた。

◎62　塩屋〜房前　1966（昭和41）年12月27日

◎65　瓦町　1962（昭和37）年5月21日

京急で最後まで残っていた木造車のクハ120形は
1957（昭和32）年から600形に新造車体載せ替えに
よる鋼体化改造が行われたが、1958（昭和33）年に
改造した6両分の車体は高松琴平電気鉄道に譲渡
され、台枠と骨組みを使って鋼体化改造が行われ、
ノーシル・ノーヘッダー貫通扉付きの車体に生ま
れ変わり、電動車は10形、制御車が90形となった。
書類上の経歴は連続していないが、車番の来歴は
新造扱いなので
京浜デ41形41→東急デハ5120形5121
→京急デハ120形121→琴電90形92
京浜デ41形43→東急デハ5120形5123
→京急デハ120形123→琴電90形94
京浜デ41形44→東急デハ5120形5124
→京急デハ120形124→琴電90形93
京浜デ41形46→東急デハ5120形5126
→京急デハ120形126→琴電90形91
京浜デ41形47→東急デハ5120形5127
→京急デハ120形127→琴電10形11
京浜デ41形48→東急デハ5120形5128
→京急デハ120形128→琴電10形12
志度・長尾線所属で両線の昇圧後も活躍したが、
元・京急デハ230形の30形が増備されると予備車
となり、1983（昭和58）年までに全車廃車された。

瓦町駅に入る志度線高松築港行き、瓦町駅で折返し琴
平線と単線並列の右側の線路で高松築港に向かった。
左側の線路は長尾線4番ホームに続き、背後にある瓦
町検車区へ向かう線路。現在は志度線口改札を出た付
近になる。
◎92　瓦町　1962（昭和37）年5月21日

春日川橋梁を渡る93、上路プレートガーター橋で撮影
名所だったが1996（平成8）年に現在の下路プレート
ガーダー橋に架け替えられた。
◎93　春日川～潟元　1973（昭和48）年5月17日

他社へ譲渡された
京成電鉄の車両

　京成電鉄の多くは系列である新京成電鉄へ譲渡されているので、これらの車両は新京成電鉄のページにて紹介しているが、高度成長期は地下鉄浅草線乗入れ対応で京成電鉄が大量の電車を新製する傍ら、在来車は急速に発展していた新京成電鉄の輸送量増強に向けられため、他社へ譲渡する適当な車両が無かった。そのため銚子電気鉄道への譲渡は数少ない例。

新京成電鉄は1947（昭和22）年の新津田沼〜薬園台間の開業以来、1969（昭和44）年に250形を新造するまでの間は、すべて親会社の京成電鉄からの譲渡車両で賄われていた。左のモハ221は1967（昭和42）年、右のモハ609は1968（昭和43）年に新京成電鉄にやってきた。どちらも京成時代に全金属製車体に更新されており、高度成長期の主役として活躍した。
◎モハ221　モハ609　新津田沼　1975（昭和50）年5月7日

銚子電気鉄道

銚子電気鉄道には戦後復興期に事故車両の復旧で1両がやってきた。

経歴は少々ややこしく、出自は1925（大正14）年に雨宮製作所製の京成電気軌道モハ39形モハ43。1938（昭和13）年に鋼体化改造でデハ300形になった時に、余った木造車体を無蓋電動貨車モニ5形モニ7に載せて、形式・車番はそのままで有蓋電動貨車に改造。1947（昭和22）年に高砂工場で火災にあい全焼してしまう。復旧の際に同じく全焼したモハ45形モハ46（1927（昭和2）年、雨宮製作所製）の台車を改軌して使い、モニ7の台枠に新しく木造車体を載せて銚子電気鉄道デハ200形デハ201となった次第。このののち集電装置をポールからヒューゲルに改め、車体に鉄板を張りニセスチール化したが、1979（昭和54）年に廃車された。
◎デハ201　デキ3　仲ノ町　1963（昭和38）年12月28日

J.Wally Higgins（ジェイ・ウォーリー・ヒギンズ）

1927（昭和2）年、合衆国ニュージャージー州生まれ。父が勤めていたリーハイバレー鉄道（ニューヨークとバッファローを結ぶ運炭鉄道）の沿線に生家があり、母と一緒に汽車を眺めたのが鉄道趣味の始まりだった。

大学卒業後、アメリカ空軍に入隊。1956（昭和31）年、駐留米軍軍属として来日、1年の任期後約2か月間で全国を旅し、日本の鉄道にはまってしまう。1958（昭和33）年、再来日。それ以降、全国の鉄道を撮りに出かけるようになる。1962（昭和37）年からは帰国する友人の仕事を引き継ぎ、国鉄国際部の仕事を手伝うようになり、現在もJR東日本の国際事業本部顧問を務める。

氏は、鉄道の決めのポーズや形式写真には後々の保存性を考え大判の白黒フィルムを用いた。しかし、友人たちに伝える日本の風俗や風景（もちろん鉄道も含むが）のようなスナップ的な写真にはコダクロームを用いている。理由は、当時基地内で購入・現像できたので、一番安価だったとのこと。

今回のシリーズは、それらカラーポジから首都圏の大手私鉄各社を抜き出したものである。

【写真解説】

安藤 功（あんどう いさお）

1963（昭和38）年生まれ。
NPO法人名古屋レール・アーカイブス理事。
国鉄最終日に国鉄線全線完乗。現在は全国の駅探訪を進め、残り数百駅ほど。

NPO法人名古屋レール・アーカイブス（略称NRA）

貴重な鉄道資料の散逸を防ぐとともに、鉄道の意義と歴史を正しく後世に伝えることを目的に、2005（平成17）年に名古屋市で設立。2006（平成18）年にNPO法人認証。所蔵資料の考証を経て報道機関や出版社、研究者などに提供するとともに、展示会の開催や原稿執筆などを積極的に行う。本書に掲載したヒギンズさんの写真は、すべてNRAで所蔵している。会員数41名、賛助会員1社（2022年1月現在）。

【執筆協力】

生田 誠（沿線案内図・地図の解説）

ヒギンズさんが撮った
京浜急行電鉄、京成電鉄、新京成電鉄
コダクロームで撮った1950～70年代の沿線風景

発行日……………………2022年9月5日　第1刷　※定価はカバーに表示してあります。

著者…………………………(写真) J.Wally Higgins　(解説) 安藤 功
発行者…………………………春日俊一
発行所…………………………株式会社アルファベータブックス
　　　　　　　　　　　　〒102-0072　東京都千代田区飯田橋 2-14-5 定谷ビル
　　　　　　　　　　　　TEL. 03-3239-1850　FAX.03-3239-1851
　　　　　　　　　　　　https://alphabetabooks.com/

編集協力…………………株式会社フォト・パブリッシング
デザイン・DTP ………柏倉栄治
印刷・製本……………………モリモト印刷株式会社